ブルーガイド
山旅
ブックス

丹沢箱根

日帰り
山あるき

改訂版

から芦ノ湖、駒ヶ岳方面

中田眞二

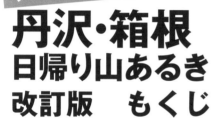

ブルーガイド　山旅ブックス

丹沢・箱根
日帰り山あるき
改訂版　もくじ

本書をご覧になる方へ

●コースの難易について

〈レベル〉

初級…初心者が安心して歩けるコース

中級…ある程度の経験が必要だが、とくに危険の要素のないコース

上級…1日の歩程が長く、急な登降などで体力を必要とするコース

〈体力度〉

★☆☆…歩行時間が3時間以内

★★☆…歩行時間が3時間〜6時間程度

★★★…歩行時間が6時間以上

〈技術度〉

★☆☆…道標が完備し、登山道が明瞭なコース

★★☆…登山道は明瞭だが、一部に鎖やハシゴなどがあるコース

★★★…天候の激しい変化や岩場などの難所があり登山経験が必要なコース

●標高

コース名の山頂標高、またはコース上の最高点を示しています。

●歩行時間

全行程のコースポイント間参考タイムの合計です（休憩時間は含まず）。

●最大標高差

コースの起点（または最低地点）と最高地点との標高差です。

●1/2.5万地形図

紹介コースに関連した国土地理院発行の25,000分の1地形図の図幅名。

●登山適期の12ヶ月カレンダー

■…ベストシーズン

■…十分楽しめるシーズン

■…避けたいシーズン

■…花の見ごろ

■…紅葉の見ごろ

▨…積雪のある時期

●アクセスについて

アクセス図に記した交通機関の所要時間（概数）を示してあります。 マイカー には、クルマで出かける場合の、現地の駐車場情報などを記載しました。

●地図と高低図のコースタイム

コースポイント間の歩行参考タイムです。経験・体力・体調・天候・同行人数により変わりますので、余裕をもった計画を立ててお出かけください。

●高低図と「高さ強調」

高低図はコースの起伏をグラフにしたもので、高さを強調してあります。「高さ強調2.5倍」とは、水平距離（横軸）に対し高さ（縦軸）を2.5倍にして、勾配を強調したことを意味します。

◎地図で使用した主なマーク

🅿 ……… バス停

── ……… 紹介した山歩きコース

---- ……… エスケープルートあるいはバリエーションルート

40→ ……… （本文でガイドしたコースの）コースポイント間の歩行タイム

15→ ……… （本文でガイドしたものとは逆コースの）コースポイント間の歩行タイム

⛨ ……… コース標識

⊛ ……… 水場

WC ……… トイレ

休 ……… 休憩ポイント

🌸 ……… 花のみどころ

✳ ……… 紅葉のみどころ

🌳 ……… 名木、巨木

♨ ……… 滝（名瀑）

🏛 ……… 古寺

🏯 ……… 古社

♨ ……… 立ち寄り湯

✳ ……… 展望のよい場所

■本書に記載した交通機関の料金は、2023年4月現在のものです。交通機関、店舗等の営業形態や対応が予告なく大きく変わる可能性があります。必ず事前にご確認の上でご利用ください。

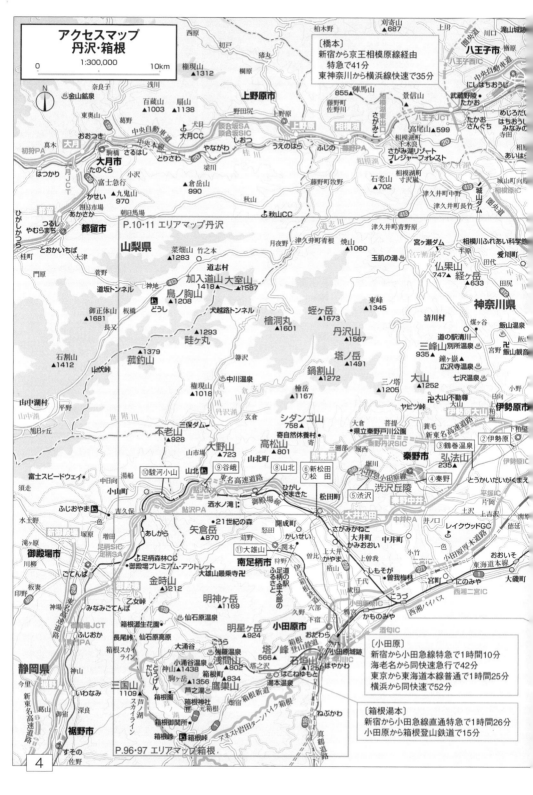

アクセスマップ
丹沢・箱根

1:300,000

0 ——————— 10km

P.10・11 エリアマップ丹沢

〔橋本〕
新宿から京王相模原線経由
特急で41分
東神奈川から横浜線快速で35分

〔小田原〕
新宿から小田急線特急で1時間10分
海老名から同快速急行で42分
東京から東海道本線普通で1時間25分
横浜から同快速で52分

〔箱根湯本〕
新宿から小田急線直通特急で1時間26分
小田原から箱根登山鉄道で15分

P.96・97 エリアマップ箱根

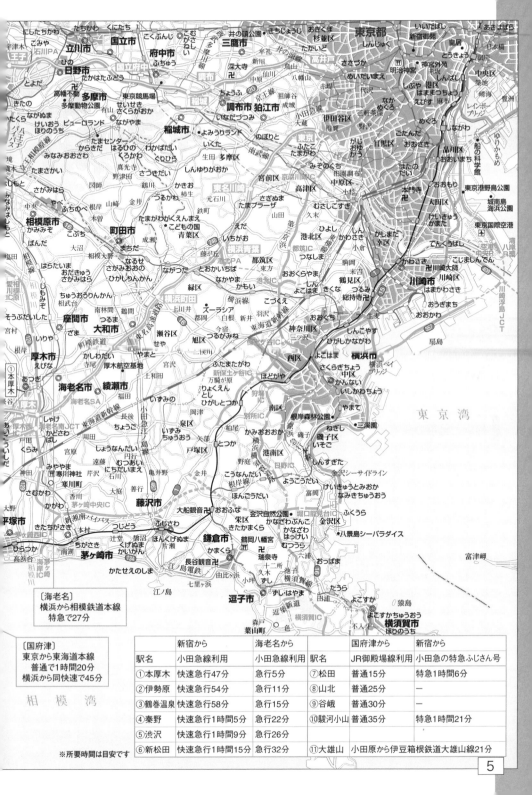

〔海老名〕
横浜から相模鉄道本線
特急で27分

〔国府津〕
東京から東海道本線
普通で1時間20分
横浜から快速で45分

駅名	新宿から 小田急線利用	海老名から 小田急線利用	駅名	国府津から JR御殿場線利用	新宿から 小田急の特急ふじさん号
①本厚木	快速急行47分	急行5分	⑦松田	普通15分	特急1時間6分
②伊勢原	快速急行54分	急行11分	⑧山北	普通25分	—
③鶴巻温泉	快速急行58分	急行15分	⑨谷峨	普通30分	—
④秦野	快速急行1時間5分	急行22分	⑩駿河小山	普通35分	特急1時間21分
⑤渋沢	快速急行1時間9分	急行26分	⑪大雄山	小田原から伊豆箱根鉄道大雄山線21分	
⑥新松田	快速急行1時間15分	急行32分			

※所要時間は目安です

近い山だから じっくり 楽しみたい

丹沢・箱根
山歩きのヒント

【写真上】檜洞丸
【写真下】畦ヶ丸

丹沢と箱根の成立

　丹沢は神奈川県北西部に位置し、東西約40km、南北約20kmの範囲に広がる。北は山梨県、西は静岡県にまたがる広大な山域だ。1000万年前の日本列島形成期に丹沢地層群の下にマグマが貫入して丹沢山地が隆起した。

　丹沢は大正10(1921)年に起きた関東大地震の震源地に近かったため山崩れの痕跡が現在でも残っている。起伏の多い山稜やブナの森、カヤトに覆われた尾根、深い谷などに恵まれ、四季を通じて登山者が絶えない山域だ。昭和30(1955)年の国体登山の開催地となり、昭和40(1965)年には丹沢大山国定公園に指定された。

　一方、箱根は神奈川県南西部に位置し、40万年前の火山活動で形成されたといわれる。国内にある火山のうち、阿蘇山に次いで第二の大火口を持つ箱根火山群を形成している。この箱根火山群は成層火山の二重式火山で、一群の火口丘上に中央火口丘がある。外輪山、陥没火口、裾野、火口丘、火口原湖、火口瀬、爆裂火口、噴気孔、温泉などがあり、火山研究者の調査対象にもなっている。また、富士箱根伊豆国立公園に組み込まれ、国内を代表する観光地としても知られるようになった。

　しかし、大涌谷の噴火警戒レベルが上がり駒ヶ岳から神山、冠ヶ岳、大涌谷は2015年から立入禁止エリアに指定されている。現在は大涌谷の自然研究路の一部が歩けるようになったが、人数制限があり事前予約が必要。詳しくは箱根町観光課☎0460-85-7410へ。なお、本書では紹介していない。

丹沢・箱根を歩くために

　丹沢エリアは、東丹沢（丹沢山地の東側）と西丹沢（丹沢山地の西側）に分けられている。具体的には大山や塔ノ岳は東丹沢エリア、檜洞丸や菰釣山などは西丹沢エリアに含まれる。東丹沢エリアには大倉に秦野ビジターセンターが、西丹沢には新松田駅からのバス便の終点に西丹沢ビジターセンターがある。どちらのビジターセンターも登山者の心強いアドバイザー。登山計画段階でわからないことがあれば問い合わせてみるのもいい。秦野ビジターセンター☎0463-87-9300、西丹沢ビジターセンター☎0465-78-3940。

　丹沢と箱根を比べると圧倒的に丹沢の方が登山レベルは高い。初級者向きといっても初めて山に登る人には大山も塔ノ岳もつらい。そうした人に最初

に歩いてもらいたいのが弘法山やシダンゴ山、渋沢丘陵など。ここが歩けたら、次に大野山や高松山に登る。経験を積み、大倉ないしヤビツ峠から塔ノ岳に登ることができるようになれば、主脈縦走や西丹沢の山々に登ることができるはず。最初から塔ノ岳や檜洞丸などを目指すのではなく、歩行時間が2時間〜3時間程度の山から登ることをおすすめする。それが山を嫌いにならない秘訣ともいえる。

箱根エリアには丹沢のようなビジターセンターはないが、箱根町観光課☎0460-85-7410、湯河原町観光課☎0465-63-2111、小田原市観光振興課☎0465-33-1521、静岡県側の小山町観光スポーツ交流課☎0550-76-6114などが窓口になってくれる。また、箱根湯本駅が起点になる山が多く、アクセスは複雑ではない。

本書で紹介した箱根エリアの登山コースのレベルは初心者向きのもので、初めて山に登る人にも向いている。ただし、高尾山や御岳山のようなリフトやケーブルカーはないので自力頼りになる。箱根で最も登山者の多い金時山は金太郎伝説になぞらえて、5月5日のこどもの日はファミリーの姿が目立つ。逆にいえば小学生でも登ることができるという山だ。ここを基準にすると、コースの長短はあるが、金時山よりも難しい山はない。

丹沢・箱根の登山季節

基本的には春〜秋。盛夏は暑さが厳しいのでそれなりの対策を考えたほうがいいのだが、現実にはこの時期が最も登山者が多い。丹沢はこの季節だと相模湾から熱く湿った空気が吹き、さらに北東気流の影響を受けて霧が発生しやすくなり、思った以上に汗を絞られることにもなるので、着替えのTシャツ類は必ず持参したい。さらに東丹沢ではヒルの被害も多いのでヒル対策も完璧にしよう。また、両エリアともに冬季でも積雪がなければ登ることができるが、温度がマイナスになることも多いので冬支度を忘れないようにしよう。

丹沢・箱根の動植物

丹沢、箱根は豊かな自然に恵まれ、多くの野生鳥獣が生息している。鳥類は400種類、哺乳類は70種類が確認されている。とくに本州に生息する大型哺乳類（ツキノワグマ、ニホンジカ、ニホンカモシカ、イノシシ、ニホンザル）が生息している。

箱根でツキノワグマに遭遇したことはないが、西丹沢では足跡らしき物をを見たことが何度かある。また、丹沢では頻繁にニホンジカの姿を見かける。愛くるしい目が印象的だ。そうした中で、最も記憶に残っているのが、西丹沢で見かけた雄のニホンジカ。登山道に横たわるその姿は今でも鮮明に覚えている。彼は寝ていたわけではなく、死んでいた。胸部と腹部が膨らみ、明らかに自然死ではないことが理解できた。すぐに下山してビジターセンターに連絡。彼が死んだ理由は、登山者が食べ残した弁当をビニール袋に入れ山中に放置。それを食べた結果、消化されずに餓死したか、あるいは窒息したかのいずれかだと聞いた。山はもともとは彼らの生存域。我々はその事実を真摯に受け止め、登山者には動植物を守る義務があるということを今一度心に刻んで山を楽しみたい。

丹沢主脈にて

装備と携行品チェックリスト

＊山旅へ出かけるごとにコピーして、チェックシートとして活用してください。
○：必須アイテム　△：気候条件や個人の状態による　×：不要
◎：1泊以上の場合に限った必須アイテム　◎△：1泊以上の場合必須、日帰りでは条件によるもの

品　　名	春＆秋	盛夏(7～9月)	厳冬期(1～2月)
●着ていくもの			
長袖シャツ	○	△	○
半袖シャツ	×	○	×
Tシャツ	△	○	×
長ズボン	○	△	○
セーター（フリース）	○	◎厚手	○厚手
アンダーウエア	○	△	○
手袋	○	△	○
帽子	○	○	○
登山靴	○	○	◎
サングラス	○	○	○
●携行装着品・衣類など			
レインウエア	○	○	○
雨傘	○	○	×
スパッツ（ロングがよい）	○	○	○厚手
4本爪アイゼン	△	×	○
防寒用アウターウエア	△	×	○
タオル・手ぬぐい・バンダナ	○	○	○
替え手袋	○	○	○
替え下着・替え靴下	◎△	◎△	○
替え長袖シャツ	◎	◎	○
イージーパンツ	◎	◎	△
予備靴ひも	○	○	○
●その他の携行品			
ザック	○	○	○
詰替用袋	△	△	△
水筒	○	○	○
レジャーシートまたはレスキューシート	○	○	○
懐中電灯・ヘッドランプ	○	○	○
登山用ストック	△	△	△
ナイフ	○	○	○
時計	○	○	○

品　　名	春＆秋	盛夏(7～9月)	厳冬期(1～2月)
磁石（コンパス）	○	○	○
細引き	○	○	○
救急用品	○	○	○
ティッシュ・ロール紙	○	○	○
地図	○	○	○
非常用携行食	○	○	○
おやつ（エネルギー源）	○	○	○
弁当	○	○	○
ラジオ	◎	◎	◎
裁縫用具	△	△	△
ガスコンロ	△	△	△
コッフェル	△	△	△
ライター・マッチ	○	○	○
カップ（チタンなど）	○	○	○
割り箸またはフォークなど	○	○	○
カイロ	×	×	○
予備ビニール袋	○	○	○
ゴミ用袋	○	○	○
カメラ	△	△	△
ガイドブック	△	△	△
双眼鏡	△	△	△
ルーペ	△	△	△
ハンディ植物図鑑など	△	△	△
懐中電灯用予備電池	○	○	○
カメラ用予備電池	△	△	△
予備SDメモリーカードなど	△	△	△
身分証明書	△	△	△
健康保険証（コピー可）	○	○	○
筆記用具	○	○	○
フィールドノート	△	△	△
携帯電話	○	○	○

丹沢

【たんざわ】

大野山手前から見る富士山

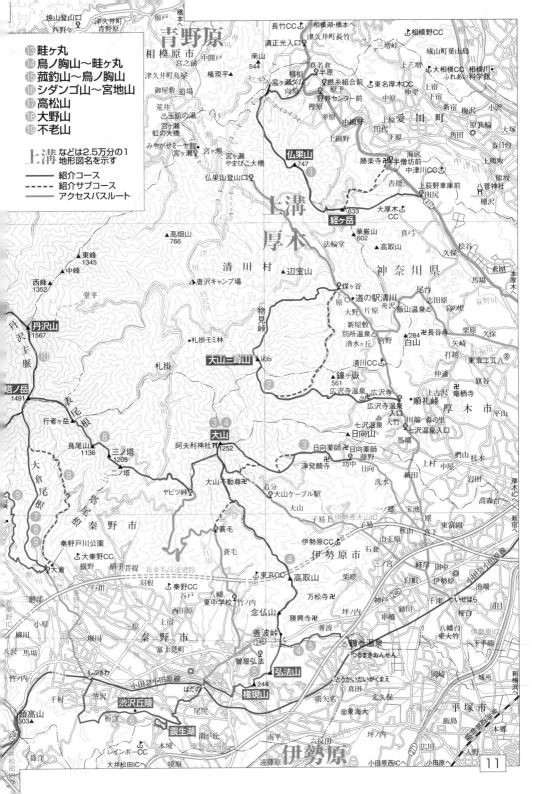

上溝 などは2.5万分の1
地形図名を示す

―――― 紹介コース
‐‐‐‐‐ 紹介サブコース
‐‐‐‐‐ アクセスバスルート

① 仏果山〜経ヶ岳
② 三峰山
③ 大山〜日向薬師
④ 大山(イタツミ尾根)
⑤ 弘法山
⑥ 渋沢丘陵
⑦ 大倉〜塔ノ岳
⑧ ヤビツ峠〜塔ノ岳

⑨ 鍋割山〜塔ノ岳
⑩ 塔ノ岳〜丹沢山〜蛭ヶ岳
⑪ 檜洞丸
⑫ 大室山〜加入道山
⑬ 畦ヶ丸
⑭ 鳥ノ胸山〜畦ヶ丸
⑮ 菰釣山〜鳥ノ胸山
⑯ シダンゴ山〜宮地山
⑰ 高松山
⑱ 大野山
⑲ 不老山

月夜野

大室山
▲1587

加入道山
1419 ▲

道の駅どうし

鳥ノ胸山
▲1379

犬越路

檜洞丸
▲1601

丹沢主稜

畦ヶ丸
1292▲

菰釣山
1379▲

西丹沢ビジターセンター

石棚山
▲1351

大滝橋

雨山

中川温泉

桧岳

丹沢湖

シダンゴ山
758▲

不老山
▲928

高松山
▲801

大野山
723▲

尺里峠

駿河小山

谷峨

高松山入口

山北

大野山入口

東山北

御殿場線

12

立体マップ
丹沢

▲南山 544
権現平▲
清正光入口
半原

仏果山 ▲747

宮ヶ瀬湖
宮ヶ瀬
仏果山登山口
経ヶ岳 ▲633
上荻野車庫前

①

煤ヶ谷

東峰 ▲1345
中峰 ▲1360
西峰 ▲1372

姫ヶ岳 ▲1673

丹沢山 ▲1567

⑩

大山三峰山 ▲935
(中峰)

②

鐘ヶ嶽 ▲561

広沢寺温泉
広沢寺温泉入口

③④

塔ノ岳 ▲1491
金冷シノ頭
行者岳 ▲1209

大山 ▲1252

日向山 ▲404

③

渦割山 ▲1272

烏尾山 ▲1136
三ノ塔

ヤビツ峠

阿夫利神社
大山ケーブル

③

⑨

大倉尾根

⑧

大山ケーブル
大山ケーブル駅
浅間山 ▲680

日向薬師

栗ノ木洞 ▲908

⑦
⑧
⑨

櫟山 ▲810

⑨

大倉

高取山 ▲556

④

新東名高速道路

中庭

念仏山

寄
宇津茂

善波峠

宮地山 ▲512

④⑤

田代向

弘法山 ▲235

鶴巻温泉
東海大学前

渋沢

小田急小田原線
秦野

権現山 ▲244

頭高山 ▲303

渋沢丘陵

⑥

震生湖

東名高速道路

13

1 宮ヶ瀬湖、丹沢主脈を眺めながらのロング縦走

初・中級

標高	747m（仏果山）
歩行時間	5時間55分
最大標高差	610m
体力度	★★☆
技術度	★☆☆

ぶっかさん〜きょうがたけ

仏果山〜経ヶ岳

1/2.5万 地形図	青野原、上溝、大山、厚木

登山適期とコースの魅力

	1月	2月	3月	4月	5月	6月	7月	8月	9月	10月	11月	12月
積雪												
タチツボスミレ、サクラスミレ												
フデリンドウ												
ヤマザクラ												
トウゴクミツバツツジ												
紅葉												

展望 スタート地点の宮ヶ瀬ダムから経ヶ岳まで丹沢主脈や宮ヶ瀬湖が右に見える。
花 4月中旬を過ぎるとヤマザクラが開花する。好天なら温かく気持ちがいいはず。
紅葉 10月中旬〜11月中旬頃が見ごろ。イロハモミジやカエデが登山道を染めて美しい。

春 歩いていて最も楽しい季節だが、日陰だと残雪があるので要注意。
夏 6月〜9月はヤマビルが発生。この季節に登るならヒル対策を完璧に。
秋 9月の長雨後からが本格的な登山シーズン。
冬 必ず積雪の状況を確認して登ること。

あいかわ公園に入る歩行者専用の入口

アクセス

新宿駅 → 小田急小田原線 快速急行50分 520円 → 本厚木駅北口 → 神奈川中央交通バス40分 580円 → 半原バス停 → 5時間55分 → 上荻野バス停 → 神奈川中央交通バス35分 440円 → 本厚木駅北口 → 小田急小田原線 快速急行50分 520円 → 新宿駅

登山シーズンになると休日の朝は丹沢や箱根方面の山に出かける行楽客で混雑する。そうした場合は本厚木駅に停車する特急を利用するといい。乗車券のほかに特急券が必要だが、全席指定なので前もって購入しておくと便利。午前中に本厚木駅に停車する特急は3〜5本。バスの発車時刻は神奈川中央交通厚木営業所☎046-241-2626へ。

コースガイド

宮ヶ瀬ダム上からの展望を楽しんでから縦走を開始する

半原バス停❶からバス通りを戻り、日向橋を渡ってあいかわ公園の道標に従って川沿いの小道を進む。愛川大橋をくぐると、あいかわ公園の入口に出る。野外センター前経由のバスに乗車したら、愛川大橋で下車して、橋を渡った地点にあるステーキ店を左に入ればあいかわ公園入口に着く。

あいかわ公園は神奈川県立で、宮ヶ瀬湖のダム下に広がる緑豊かな公園。園内は四季を通じて野鳥と水辺に生息する鳥が観察でき、バードウォッチングを楽しむ人たちが集まる。休日なら、多くのファミリーが訪れ、笑顔の絶えない場所でもある。気持ちのいい公園で

ひと休みしたら、中津川に沿った遊歩道を進んで橋を渡る。すぐに宮ヶ瀬ダムの下に着く。ここからインクラインと呼ばれるケーブルカー（片道300円）かエレベーター（無料）でダム上に行く。

ダム上には展望台があり、丹沢主脈や横浜のランドマークタワーが展望できる。水とエネルギー館にも行ってみよう。ダムの仕組みやエネルギーに関することが学べ、大人でも

水とエネルギー館先から登山道に入る。宮ヶ瀬湖の湖面すれすれを歩く

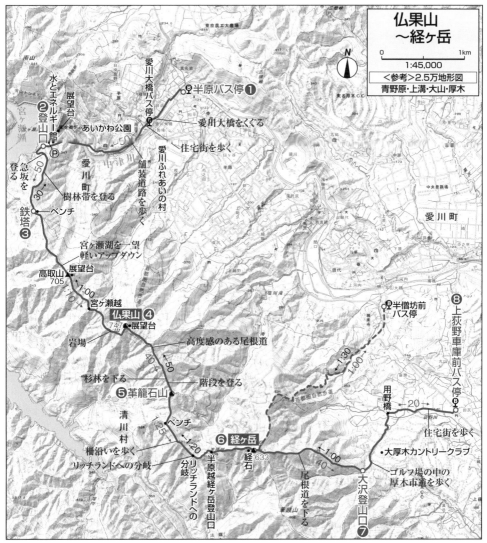

①高取山山頂展望台から眺める宮ヶ瀬湖と丹沢の山並み。時間の許す限り楽しもう。②宮ヶ瀬ダム。ダムマニアにも人気があるらしい。③ダム上まで登るエレベーター。④ダム上まで登る有料のインクライン（300円）。⑤ダム上からの展望

知識欲を刺激されるはずだ。入館料は無料。さらにダムから観光用に放流されることがあり、その迫力は言葉では表現できないほど美しい。初めて訪れた人は登山どころではなくなるかもしれない。

水とエネルギーについて学んだら、登山に取りかかろう

高取山への**登山口❷**は水とエネルギー館から駐車場を過ぎた左にある。橋の手前なのですぐにわかるはずだ。

登山道に入ると、すぐに宮ヶ瀬湖の湖面ぎりぎりまで下ることになる。そこから一気に急斜面を登る。道はほぼ階段状に整備されているが、勾配が強いので呼吸のリズムに合わせて登るようにしよう。手摺り代わりのロープが張られた箇所では悩まずに頼りたい。上方に左から合流してくる尾根が見えてくると、

勾配はさらに増す。焦らずに立ち休みをしながら一歩一歩を確実にクリアしよう。

体が急登に慣れ始めた頃、ベンチのある肩に乗ることができる。ほぼ真下に先ほどまでいたダム上の展望台が見える所だ。ここでベンチに座り、最初の休憩をする。ザックを置いて水分とエネルギーの補給をしよう。息が落ち着いたら出発。ここから先は狩猟季節になるとハンターの姿を見かけることがあるが、登山者が歩く場所とは違う斜面でハンティングし、稜線上には見張りの人がいるので心配ない。

尾根道を進むと右下に宮ヶ瀬湖が見えてくる。その奥に見えているのが丹沢主脈だ。**鉄塔❸**の脇を抜けると階段状に整備された尾根道。少し登り勾配が強いので注意しよう。

💧 **水場** コース上に水場はないが、あいかわ公園に清涼飲料水の自動販売機がある。

🚻 **トイレ** あいかわ公園、宮ヶ瀬ダムにあるが、コース上にはない。

●問合せ先
愛川町役場商工観光課 ☎046-285-6948
あいかわ公園 ☎046-281-3646
宮ヶ瀬ダム（相模川水系広域ダム管理事務所）☎046-281-6911

高取山から仏果山に向かう気持ちのいい稜線

尾根道を快適に縦走して、高取山から仏果山を目指す

　小さなピークに達したら、そこから大きく下ることになる。少し疲れていたら狭いピークでの休憩を忘れないこと。ここを下りきったら、ロープの張られた岩が目立つ道を登ることになるが、危険はない。

　正面に鉄塔の展望台が見えてきたら、そこが高取山の山頂。ここは小広い台地状の頂で、丹沢主脈の展望に優れている。展望台に登ってその大きな眺めを堪能しよう。その後は山頂で休憩。軽く食べて水分補給も忘れないようにしたい。風が強い日に歩くことになったら、体温が下がらないように休憩の時には1枚羽織ったほうがいい。

　高取山から仏果山までの距離は1.3km。平地なら20分くらいで歩ける距離だが、山道ではそうはいかない。実際、高取山から仏果山までは40分ほどかかる。高取山までの尾根道と同じように軽いアップダウンが続くが、そろそろ体が尾根道歩きに慣れた頃なので、息の上がらない歩速で進めば問題はないはず。疲れたら足を止めて木々の間から周りの景色を楽しむ余裕を持とう。**仏果山❹**山頂にも高取山と同じ展望台が建てられている。ここからの展望も素晴らしく、少し遠くに宮ヶ瀬湖が見えている。もち

ろん丹沢主脈の眺めもいい。休憩は山頂のテーブルで、少し時間を取って休むとしよう。

　仏果山からは経ヶ岳を目指すが、細く高度感のあるヤセ尾根が続くので、天候の悪い時や風が強く危険を感じるようなら山頂から北に延びる首都圏自然歩道を下って撚糸組合前からバスで本厚木駅に下山するといい。

　状況が許すなら仏果山から経ヶ岳に行ってみよう。展望のいい歩きになるがその分、高度感がある。右下に見えているのは採石場で、そこで働くトラックが豆粒のように見えている。その後ろには雄大な丹沢山塊が横たわり、採石場とのコントラストがアンバランスに感じるのは筆者だけだろうか。

　クサリが張られ両サイドが切れ落ちた細い尾根道を慎重に進む。このエリアを抜ければ道幅は広くなり、ひと安心できるはず。さら

丹沢

仏果山〜経ヶ岳

高取山山頂展望台で眺めを楽しんだらベンチで休憩

⑥ゴツゴツとした岩が折り重なる仏果山。山頂は意外に広いのでゆっくり休憩しよう。⑦仏果山から革籠石山に向かう細い尾根道。風が強い日には注意したい。⑧経ヶ岳山頂。意外に落ち着いた山頂で高取山、仏果山ほど登山者は多くないので、ゆっくりできるはず

に下り勾配も少し落ち着く。有害鳥獣避けの柵を抜け、登り返した小さなピークが**革籠石山❺**。休憩できるスペースはないので、山頂標識を確認したら先へ進む。長い下り坂と少しの登りがある。満足できる展望を得ることもできないため、退屈だが気をゆるめないこと。山の事故の多くはそうした「気のゆるみ」から起きることが多い。右側の展望がわずかに開けると土山峠の下降点に着く。ベンチが設置されているので、ここで少し休憩しよう。また、ここから西に下る道を40分ほど歩けば土山峠のバス停に下り立つことができる。

経ヶ岳から足をのばして
大厚木カントリークラブに下山する

土山峠の下降点を右に見ながら鳥獣避けの金網に沿って進む。下方に林道が見えてきたら半原越。林道を下って経ヶ岳登山口前のテーブルでひと休みしよう。林業関係者の車両が通行することがあるので、道路上では休憩しないこと。

経ヶ岳登山口から階段を登る。少し長い階段だがそれほど苦労することはない。正面に大きな岩が見えてきたら、それが弘法大師が

経文を納めたと伝わる経石。この大岩の後方が**経ヶ岳❻**。山頂にはベンチが置かれ、大山や三峰山などの展望に優れている。また、「弘法大師に守られているような安心感がある」と語る登山者も少なくない場所だ。多くの人はここから尾根道を下って半僧坊前バス停に向かう。道はしっかりとしていて迷うことのない道だ。途中にはベンチが置かれたポイントもあり人気がある。経ヶ岳で疲れが回復しないようなら迷わずに、この下山道を選択しよう。

まだ歩けるようなら経ヶ岳から西に延びる尾根道を進んでみよう。下山地点は大厚木カントリークラブというゴルフ場だが、そこまでの登山道は地元の山岳会が整備している。とても歩きやすく道標もしっかりしているので、安全に歩くことができるはずだ。目印は「←上荻野」と書かれた看板。金網沿いの細い道を下る。その後は枝に巻かれたピンクテープを頼りにするが、鮮明な靴跡があり迷うことはない。途中に「←大沢」という道標もある。樹林帯を抜けると正面に金網が張られた地点に下り立つ。そこのドアを開けて小さな斜面を下った所が**大沢登山口❼**でゴルフ場

⑨水量が豊富な宮ヶ瀬湖。あいかわ公園と合わせて観光客が多く訪れるオアシスだ。⑩大厚木カントリークラブ。プレイヤーの邪魔にならないように静かに歩く。10分ほどで車道に出る

の敷地内になる。道標に従いゴルフ場内を進む。それまでの山道とは異なり、整地された道で歩きやすい。ゴルフ場内ではプレーを楽しむ人たちの邪魔にならないように静かに歩くこと。とくにグループの場合は緊張感から解き放たれて大声で談話しがちだが、静寂を守ってきれいに整備されたコースの景観を楽しみながらバス停まで歩こう。住宅街に入ったら用野橋で右へ。10分で**上荻野車庫前バス停⑧**だ。ここからバスで本厚木駅へ。

経ヶ岳から半僧坊前バス停に下る

仏果山からの縦走路から見た高度感のある展望

ほとんどの人が下山に利用する半僧坊前バス停に下る道を案内しよう。

経ヶ岳山頂から田代方面へ下る。尾根通しの道を進むのだが、柔らかい土の感触が心地いい。木々の間からは麓の集落が見えている。直線的に下っていくとベンチが置かれた場所に着く。ザックを下ろしてここで少し休憩しよう。再びスタートし、鳥獣避けの金網をくぐると里山の雰囲気が濃くなる。残念ながら展望を得るのは難しいが、緑濃い樹林帯は心地いい。いったん林道に出た後、再び樹林帯に入る。この林道に下り立った地点で休憩するのもいいかもしれない。堰堤を過ぎてしばらく行くと、半僧坊前バス停はすぐ。

丹沢 仏果山〜経ヶ岳

あいかわ公園

宮ヶ瀬ダム直下に広がる51ヘクタールもの敷地を持つ公園。4万4000本のツツジが植えられた「花の斜面」や横浜ランドマークタワーが望める「風の丘」などがあり、多くのファミリーでにぎわっている。

さらに子どもたちに人気なのが、「冒険の森」や「ふわふわドーム」、「ジャブジャブ池」。また、ダム下まで走るロードトレインの「愛ちゃん号」は家族連れに好評。リードをつけていればペットの入園も大丈夫。開門時間は4月〜9月は8時30分〜18時、10月〜3月は8時30分〜17時。登山にかかる前にここでストレッチしていくのもいい。

広大な敷地を誇るあいかわ公園。老若男女誰もが楽しめる公園だ

2 | アップダウンが連続する稜線歩きが楽しい | 中級

標高	935m
歩行時間	5時間50分
最大標高差	700m
体力度	★★☆
技術度	★★☆

みつみねさん 三峰山

1/2.5万地形図	厚木、大山

登山適期とコースの魅力

	1月	2月	3月	4月	5月	6月	7月	8月	9月	10月	11月	12月
積雪	■■■											
タチツボスミレ			■■■■									
ヤマルリソウ			■■■■									
トウゴクミツバツツジ					■■■■							
紅葉											■■■	

展望 樹木に覆われ山頂からの展望は期待薄だが、途中の斜面からは丹沢山塊が展望できる。

岩場 丹沢山塊では最も岩場が多い山といえる。そのためソロではなくグループで入山しよう。

静寂 最もおすすめしたい季節はヤマビルの少ない晩秋～初春。この季節が最も静寂が広がる。

春 新緑がきれいな季節。この時期に登るならヤマビル対策は完璧にしたい。

夏 さまざまな植物が足元を染める頃だが、最もヤマビルが発生する季節でもある。

秋 晩秋からが本格的な登山シーズンとなる。

冬 積雪がなければ登山適期。

バス停横に掲載されている清川村案内看板

アクセス

新宿駅 → 小田急小田原線 快速急行50分 520円 → 本厚木駅北口 → 神奈川中央交通バス 35分 500円 → 煤ヶ谷バス停 … 5時間50分 … 広沢寺温泉入口バス停 → 神奈川中央交通バス 30分 370円 → 本厚木駅北口 → 小田急小田原線 快速急行50分 520円 → 新宿駅

小田急線の平日の早朝は通勤、通学客、休日には行楽客で混雑するが、町田駅辺りまでで席が空くことが多い。新宿駅で1本見送って乗車すれば座れる可能性は高い。新宿駅からの小田急線の下りは10分に1本程度。

マイカー 三峰山の東に流れる谷太郎川沿いの林道に駐車場があるが、コース取りが難しい。

コースガイド

最もおすすめしたい季節はヤマビルの活動が鈍る厳冬期

　三峰山は大山の北に位置する山だが、意外に歩く人が少ない。それはヤマビルで有名になったせいかもしれない。しかし、厳冬期ならそれほどの危険はなく、樹林帯歩きや山頂前後の岩場歩きなどを楽しむことができる。

　スタート地点は**煤ヶ谷バス停❶**。ここから不動尻の道標に従って沢沿いの道を歩く。その先に登山口がある。登山届を提出して畑の脇を進む。シカ避けの金網があるので、そこのドアを開けて登山道に入る。開けたドアは必ず閉めること。眼の前に三峰山まで5kmの道標が立っている。えぐれて一段低くなった道を進む。その後、斜面を歩くようになり、小さな流れを渡る。意外に樹林帯は深く、展望を得ることはできない。

　道が直角に右に曲がると尾根に乗る。道標には「物見山・三峰山」と書かれている。道標の数は多く、ほとんど道なりに進めばいいので迷うことはない。左下は斜面で、尾根道との間には所々破損しているが金網のフェンスが張られている。最初、広かった道は金網が途切れて樹林帯を登ることになる。急登で

登山口。登山届はここで提出。クマ出没注意の看板に緊張

ここで右へ。ここからが三峰山らしい縦走路になる

展望が期待できる山ではないが、冬季なら木々の葉が落ちて丹沢山塊を眺めることができる。2月の寒い晴天日がいい

はないので、息の上がらない歩速で登るようにしよう。

明るい登山道だが
多少荒れている

しばらく進むと疎林帯に入り、高畑山方面の稜線が見えてくる。三峰山山頂まで3.4kmの道標を過ぎると、シカ避けの柵を越えて再び中央部分がえぐれた登山道を進むようになる。この道をクリアした地点が**物見峠分岐❷**。ベンチでひと休みしたら出発。小さな祠が祀られた場所に出るが、残念ながら荒れている。この辺りを過ぎると開けた道になり、右から物見峠から下ってくる道が合流する。この地点から山頂に向かう稜線に乗ることになる。階段状に整備された道を進む。両側が切れた細い道に入ると崩落が進む箇所を歩くようになる。樹木が枯れた冬季なら、丹沢主脈が眺

められる。このエリアを抜けると山頂まで1.3kmの道標に出合う。ここからも細い尾根道歩きが続く。三峰山まで0.8kmの道標を過ぎると木の階段を登るようになる。崩れかけている箇所にはロープが張られているので軽く持って進もう。このエリアを抜けると岩場を下ることになる。

ここからは三峰山の難所部分に入るので、慎重に進むこと。クサリが張られているので、それに頼ればいいのだが、足元が安定していないので慎重に行動しよう。ハシゴにもクサリが取りつけられている。それだけ下り勾配が強いことを示している。さらに注意して下らなければならない岩場が続く。

鞍部のような箇所まで下ったら、今度はクサリを頼りにしてハシゴを登ることになる。立ち止まって休憩できる所でひと休みしよう。

 水場 山中に水場はない。本厚木駅前のコンビニなどを利用しよう。

トイレ 登山口から不動尻方面へ100mほど進んだ地点と不動尻の先に仮設のトイレがある。下山口の広沢寺温泉にもある。

●問合せ先
清川村産業観光課 ☎046-288-3864
厚木市観光協会 ☎046-240-1220
神奈川中央交通バス厚木営業所 ☎046-241-2626

崩落が進む尾根道の斜面。大木の根が露出している

丹沢

三峰山

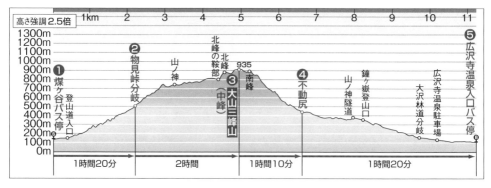

高さ強調2.5倍

| 1km | 2 | 3 | 4 | 5 | 6 | 7 | 8 | 9 | 10 | 11 |

1300m 1200m 1100m 1000m 900m 800m 700m 600m 500m 400m 300m 200m 100m 0m

❶煤ヶ谷バス停
登山道入口
❷物見峠分岐
山ノ神
北峰の鞍部
北峰
935
南峰
❸大山三峰山（中峰）
❹不動尻
鐘ヶ嶽登山口
山ノ神隧道
広沢寺温泉駐車場
大沢林道分岐
❺広沢寺温泉入口バス停

| 1時間20分 | 2時間 | 1時間10分 | 1時間20分 |

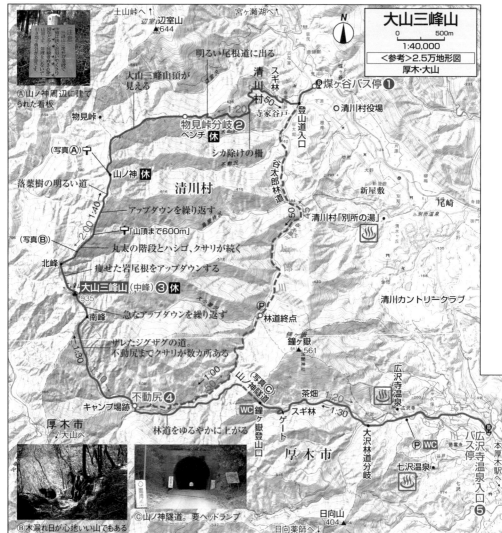

大山三峰山

0　　500m
1:40,000
<参考>2.5万地形図
厚木・大山

土山峠へ↑
辺室山 ▲644
宮ヶ瀬湖へ↑
明るい尾根道に出る
清川村
スギ林
❶煤ヶ谷バス停
○清川村役場
大山三峰山頂が見える
寺家戸
登山道入口
❷物見峠分岐 ベンチ 休
シカ除けの柵
不動沢

物見峠
（写真Ⓐ）
山ノ神 休
清川村
谷太郎林道
清川村「別所の湯」
落葉樹の明るい道
アップダウンを繰り返す
新屋敷
尾崎
「山頂まで600m」
（写真Ⓑ）
北峰
丸太の階段とハシゴ、クサリが続く
痩せた岩尾根をアップダウンする
❸大山三峰山（中峰）休
935
南峰
急なアップダウンを繰り返す
林道終点
清川カントリークラブ
ザレたジグザグの道。不動尻までクサリが数カ所ある
鐘ヶ嶽 561
広沢寺温泉
厚木市
大山へ
不動尻❹
キャンプ場跡
林道をゆるやかに上がる
山ノ神隧道
鐘ヶ嶽登山口
WC ゲート
茶畑
スギ林
大沢林道分岐
広沢寺温泉入口❺バス停
本厚木駅へ↓
厚木市
（写真Ⓒ）
七沢温泉
日向山 404▲
日向薬師へ↓

Ⓐ山ノ神周辺に建てられた看板
Ⓑ木漏れ日が心地いい山でもある
Ⓒ山ノ神隧道。要ヘッドランプ

22

①土の斜面には丸太が置かれ階段状に整備されているが、落ち葉に埋もれ崩れている箇所もある。②山頂手前は岩場と土の道が混在。足元には要注意。③三峰山の山頂。残念ながら展望はない。④不動尻手前。木橋は濡れているので要注意

山頂まで100mの道標が立つ地点から、岩場や勾配の強い斜面をクサリを頼りに登ることになる。三峰山エリアに張られたクサリは頑丈に取りつけられているが、あくまでもガイドとして使用すること。三点確保の姿勢を保つことが大切だ。この登りの終点が**大山三峰山❸**の山頂になる。テーブルが1台あるが、狭く展望を得ることはほとんどできない。

きつい下り勾配の道が
連続して現れる

山頂のベンチでひと休みしたら下山にかかろう。不動尻の道標に従って勾配の強い道を下る。とくに露出した木の根には注意が必要だ。要所にはクサリが垂らされたり、ハシゴが架けられているが、基本は岩混じりの道が

下山口の不動尻を埋め尽くすようにして咲くミツマタの花。2月中旬撮影

続いている。

山頂から700mほど歩くと、そこまでと変わり難所的な箇所がなくなる。最後にクサリが張られた勾配のきつい土の道を下ると沢沿いに出る。小さな橋を渡り、渓流に沿って下ると**不動尻❹**に着く。3〜4月なら黄色いミツマタの花が出迎えてくれる。ほっとする瞬間だ。ここから昼なお暗い山ノ神隧道をヘッドランプを装着して抜け、**広沢寺温泉入口バス停❺**から本厚木駅に戻る。

ヤマビル対策

三峰山は丹沢大山の北に位置する山だが、意外に歩く人が少ない。それはヒルで有名になってしまったからかもしれない。実際のところ、盛夏は登山向きとはいえない。また、春先や晩秋でもヒルの被害は報告されているので、その対策は完璧にしたい。

服装は長袖、長ズボンは必須。襟元をきっちり閉じるのも忘れないように。できるだけ肌を露出させないことが基本になる。その意味で手袋や帽子を着用するのも効果的だ。それ以外の対策として考えられるのは、ヤマビルファイターなどの駆除剤を携行すること。被害が少ないのは1月〜3月だが、こうした基本的な対策は怠らないように。

山ノ神隧道

200mほどのトンネル。まるで洞窟探検しているようなわくわく感が味わえる。ここを抜ければ広沢寺温泉はすぐなのだが、入口に立つと出口がポッカリと明るいだけで、トンネル内部に照明はない。できればヘッドランプを装着して歩いてみよう。

探検気分が味わえる山ノ神隧道。全長は200mほど

丹沢

三峰山

3 多くの登山客、参拝客と表参道を登る

初級

おおやま〜ひなたやくし

大山〜日向薬師

標高	1252m
歩行時間	4時間15分
最大標高差	1,072m
体力度	★★☆
技術度	★☆☆

1/2.5万地形図 **大山、厚木、秦野、伊勢原**

登山適期とコースの魅力

1月	2月	3月	4月	5月	6月	7月	8月	9月	10月	11月	12月

積雪
イチリンソウ、ヤマルリソウ
エイザンスミレ
トウゴクミツバツツジ
ノアザミ
紅葉

展望　大山の山頂からは相模湾や相模平野が展望できる。また山頂の東側からは横浜方面、快晴なら房総半島まで見える。

味　大山の名物は湯豆腐。大山ケーブル駅に向かう石段沿いに点在している。また、土産物としては手作りの大山コマが知られている。

春　4月初旬〜中旬には大山春祭りが開催される。その頃からが本格的な登山シーズンとなる。

夏　モミやブナの原生林が輝く季節。

秋　10月初旬に阿夫利神社では火祭薪能が奉納され、多くの信者、観光客でにぎわう。

冬　積雪期でもケーブルは通年営業。

阿夫利神社下社。お参りして出発しよう

アクセス

新宿駅 — 小田急小田原線快速急行56分 610円 → 伊勢原駅 — 神奈川中央交通バス25分 320円 → 大山ケーブルバス停  15分 → 大山ケーブル駅 — 大山ケーブルカー6分 640円 → 阿夫利神社下社駅 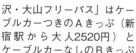 4時間 → 日向薬師バス停 — 神奈川中央交通バス20分 290円 → 伊勢原駅 — 小田急小田原線快速急行56分 610円 → 新宿駅

伊勢原駅から大山ケーブル駅バス停行きのバスは、休日や例大祭が行われる時には混雑することが多い。小田急の「丹沢・大山フリーパス」はケーブルカーつきのAきっぷ（新宿駅から大人2520円）とケーブルカーなしのBきっぷ（大人1560円）がある。それぞれ2日間有効。

マイカー　大山ケーブルバス停近くに有料駐車場がある。

コースガイド

ケーブルカーを利用して阿夫利神社下社から登山開始

大山ケーブルバス停❶から**大山ケーブル駅❷**まで土産物店や飲食店が並ぶ石段の道を登る。大山名物のコマを売る店や大山豆腐の店前ではどうしても足を止めてしまうはずだ。この石段を抜けた所に大山ケーブルの乗場がある。健脚者はここから男坂か女坂を登って阿夫利（あふり）神社を目指してもいい。

　大山ケーブルの乗車時間は約6分。着いた地点が**阿夫利神社駅❸**だ。何軒かの飲食店が並んでいる。ここから大山山頂へのルートは2本ある。1本は見晴台経由で山頂に向かう道。もう1本は阿夫利神社脇から表参道を辿るルート。今回は表参道から挑戦する。

　阿夫利神社本殿に参拝したら左へ。そこに表参道入口がある。最初は104段の石段登り。まるで修行のようだが、手摺りを軽く持って登れば意外に疲れにくい。途中で休む時も手摺りから手を離さないこと。ここをクリアすると足場の不安定な表参道登りがスタートするので、ザックを下ろして適当な場所でひと息入れよう。その時には必ず水分補給を忘れないこと。

登山途中に出合う天狗の鼻突き岩。それらしい穴が見える

表参道から登るとここで山頂に出る。立派な鳥居が目印

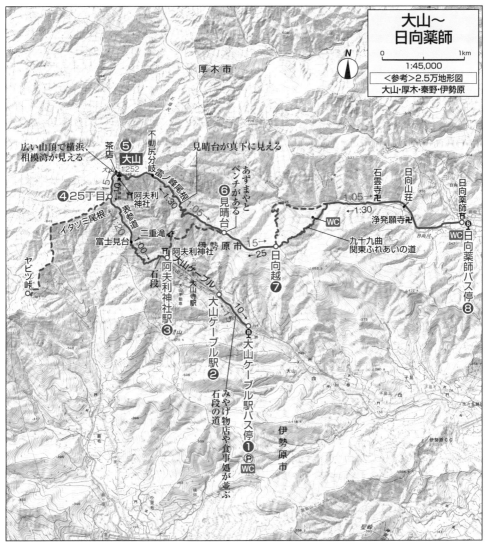

大山詣での定番コースで
富士山と対面して山頂へ

　岩混じりの道を進む。まるで修行のような道だが、夫婦杉を過ぎると多少歩きやすい道になる。天狗が鼻で突いたといわれる天狗の鼻突き岩を過ぎると蓑毛越分岐に到着する。小さな広場になっているので絶好の休憩場所だ。ここからひと登りで富士見台に着く。昔、茶店があった場所らしいが、その名の通り富士山の展望に優れている。

　富士見台からは尾根道らしさを感じることができるが、少し勾配が強いので焦らずに歩くことを心がけよう。また、登山当日に富士山が見えていれば、大山山頂からも見える可能性は高いので頑張ろう。

　左からヤビツ峠からスタートするイタツミ尾根が合流してくる。ここが**25丁目❹**。大山山頂までは土の道と石段を15分登る。

　富士山は山頂に建つ茶店前から拝むことができるが、富士見台で見えていないと難しいかもしれない。湿度が低い晴天日に登れば富士山と対面できるチャンスがある。

　大山❺の山頂は奥の院を中心にして広場になっていて、相模湾や東京、横浜、三浦半島、伊豆方面が展望できる。御神木の雨降木（ブナ）は山頂南側にある。茶店もあるので、営業していたら利用するといい。少し時間を多く取ってランチと展望を満喫しよう。

明るい尾根道を下って
開放的な見晴台へ

　たっぷりと大山の山頂を堪能したら、トイレのある広場を抜けて樹林帯を歩く。さほど高低差を感じない気持ちのいい尾根道で、新緑や紅葉が美しい場所でもある。振り返ると

 水場　二重滝で水を汲む人もいるが、歩行時間は長くないので事前に用意しておこう。
トイレ　大山ケーブルバス停、大山ケーブル駅、阿夫利神社下社にある。大山山頂のトイレは例年12月上旬〜4月上旬まで凍結防止のため閉鎖。

●問合せ先
伊勢原市商工観光課 ☎0463-94-4729
神奈川中央交通バス伊勢原営業所 ☎0463-95-2366
大山ケーブル ☎0463-95-2040

大山山頂北側に建つアンテナ群が見えている。南東に向きを変えると勾配のあるジグザグの下りになる。大きくジグザグを繰り返しながら行く。登ってくる人とのすれ違いは、下りのスピードが出ているので慎重に。すれ違う手前で山側に立ち止まって待つ余裕を持とう。

　さらに高度を下げていくと、ベンチのある場所に出る。晴天なら横浜方面が手に取るように眺められる。また、眼下に見える見晴台では多くの人が休憩している姿も見える。

　体が冷えないうちに出発。ここからさらに厳しい下りが続く。意識してスピードを抑えるようにしよう。傾斜がゆるやかになってくれば**見晴台⑥**に到着する。東屋とたくさんのテーブル、ベンチが置かれた休憩ポイントだ。

ゆるやかな尾根道から樹林帯を抜ける

　見晴台で休憩しても疲れが残るようなら、阿夫利神社へ抜けるルートに入り、阿夫利神社駅からケーブルを使って下山しよう。

　日向薬師へは東屋の裏手に延びる尾根道を進む。穏やかで気持ちがいい。**日向越⑦**（ひなたごえ）の先、九十九曲の下り道は照葉樹に囲まれている。下り勾配はそれほど強くないので、ゆったりした気分で歩けるはずだ。ジグザグに進み、日向学習センター前を通過すると山道は終了。車道歩きに変わる。

　簡易舗装された道は歩きやすいが、車道なので注意しよう。日向川に沿った道は歴史散策路で、休日には多くの歴史ファンの姿を見かける。そのひとつが江戸時代に男性の駆け込み寺だった浄発願寺。さらに降雨祈願で知られた石雲寺や大友皇子墓所など見学するところが多い。アウトドア施設の多い通りでもある。

　歴史散策と自然を楽しみながらのんびり歩けば**日向薬師バス停⑧**に到着する。さらに時間があれば日向薬師に寄ってみよう。

大山山頂から日向薬師に向かう途中に見晴台という広場がある。ここを右に進めば阿夫利神社下社。直進すれば日向薬師に行けるのだが、この広場にはたくさんのベンチとテーブルが置かれているため、休憩に適している。頭上には先ほどまでいた大山山頂部分も見えている。ここを過ぎれば比較的平坦に近い道になる。

③④

⑤

⑦⑧

⑥

①下山途中の登山道から見下ろす見晴台と伊勢原市街。②大山山頂。雨降木前から伊勢原市市街地と相模湾を展望する。③土産物店や食事処が並ぶ大山ケーブル駅までの道。④すれ違いは登り優先で。⑤見晴台手前は平坦。⑥表参道から眺める富士山。⑦日向薬師に向かう道。車の通行に要注意。⑧帰路は日向薬師バス停から

丹沢

大山〜日向薬師

27

4 表丹沢を代表するヤビツ峠からスタート 　初・中級

標高	1252m
歩行時間	6時間5分
最大標高差	1232m
体力度	★★☆
技術度	★☆☆

<small>おおやま</small>
大山（イタツミ尾根）

1/2.5万 地形図	大山、厚木、秦野、伊勢原

登山適期とコースの魅力

	1月	2月	3月	4月	5月	6月	7月	8月	9月	10月	11月	12月
	積雪										紅葉	
			タチツボスミレ									
			ヤマルリソウ									
				トウゴクミツバツツジ								

展望　山頂からは相模湾や相模平野、富士山が見える。下山路の富士見台からの展望もいい。
味　大山山頂茶屋では豚汁が人気。ほかに山菜そばなどがある。
紅葉　山頂から稜線の紅葉は例年10月中旬〜11月。北側の斜面がとくにきれいだ。

春　新緑がきれいで大山が最も輝く季節。とくに湿度が低いと雪を被った富士山が見える。
夏　ブナやモミの原生林が美しい。
秋　10月の初旬には阿夫利神社で火祭薪能が奉納される。
冬　大山ケーブルでアクセスしよう。

大山山頂広場に建つ「大山山頂奥の院」

アクセス

新宿駅 — 小田急小田原線 快速急行1時間7分 700円 — 秦野駅 — 神奈川中央交通バス 48分 490円（原則通年運行だが積雪などにより運休有。要確認）— ヤビツ峠 6時間5分 — 鶴巻温泉駅 — 小田急小田原線 快速急行58分 610円 — 新宿駅

小田急線は平日の早朝は多くの通勤客や通学客で混雑する。そのため1本見送って次の電車に乗ったほうが座れる可能性は高い。また、休日になると丹沢や箱根方面へ向かう観光客やハイカーでにぎわう。鶴巻温泉駅に停車する快速急行、急行は10分に1本。

マイカー ヤビツ峠と大山山頂をピストンするだけならヤビツ峠に24台駐車可能。無料。

コースガイド 標高760mのヤビツ峠がスタート地点

大山に登る場合、大山ケーブルを利用する人が圧倒的に多いが、ケーブルは山頂まで行かない。ケーブルの後は表参道か雷ノ峰尾根を登るしかない。さすがに修験の山でもある大山の登山道は初心者にはちょっと辛いかもしれない。

そこでおすすめしたいのがヤビツ峠からの道。表参道の辛い歩きはカットすることができ、初めて大山に登る人にもおすすめのコースだ。その場合は山頂から見晴台を経由して阿夫利神社駅からケーブルを使えばさらに体にかかる負担は軽減されるが、ここでは山頂から尾根道を下り鶴巻温泉駅に下山する。

ヤビツ峠❶にはトイレと駐車場、ヤビツ峠売店とヤビツ峠レストハウス丹沢MONがある。また、自転車で訪れる人たちにも人気が高いため、休日には混雑する。

ここから大山と書かれた道標に従い階段を登りイタツミ尾根に入る。小さな広場の先で石が敷き詰められた道から土の道に変わり、さらに階段登りから木道を歩くようになると後方に塔ノ岳へ向かう表尾根が見えてくる。表参道との合流点の**25丁目❷**は目の前だ。ここで左へ。岩場のような道を200mほど登り鳥居をくぐれば**大山❸**の山頂に着く。

大山は古くから霊山として栄えた山。山頂の広場には阿夫利神社の本社が建ち、清涼飲料水や水などが販売される茶店がある。また、モミやブナ、スギなどの大木に出合える山で

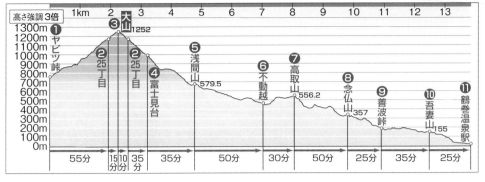

①イタツミ尾根で振り返ると大きな富士山が見えていた。表参道からでも富士山を拝むことができる。②ヤビツ峠バス停。冬季でも通行止めでない限りヤビツ峠までのバス便は確保されている。③気持ちのいいイタツミ尾根。意外に解放感に包まれた道だ。④大山山頂の雨降木。この木に「常に露がついていた」ことから、大山は「雨降山」という別名を持っている。⑤表参道。岩が絡む箇所もあるが、基本的には土の部分が多い

もある。本社近くに立つ「雨降木」と呼ばれるブナの大木は登山者によく知られている。山頂からの展望は申し分なく、相模湾方面や横浜の展望がいい。本社に参ったら気にいった場所でゆっくりしよう。

下山は人気のある表参道を選択

大山山頂からイタツミ尾根と表参道の合流点の25丁目まで戻る。ここを右に行けばヤビツ峠に戻ることができるが、紹介コースはこの分岐を左へ表参道を下る。この明るく開けた表参道は大山詣でのメイン通り。湿度の低い晴天日なら右手には富士山が見え、まるで見守ってくれているような気持ちになる。しかし、左右の山肌が削れてできたような岩屑の多い道には足場の悪い箇所もある。そのため2歩先、3歩先を見定めながら歩くことに集中しよう。休日だと登ってくる登山者が多いので、狭い箇所ではすれ違いに要注意。24丁目の石柱を過ぎると、木製の階段を下る。

その後は土の道を下ることになるが、濡れていると滑るので注意しよう。岩が転がる道では特に注意を。わざと岩の上に乗らないこと。なるべく体が上下しないようにできるだけフラットな面に足を置くようにしたい。

前方右側に登山者が足を止めている場所が見えてくる。ここは富士山の展望に優れた場所で**富士見台**④といわれる。その展望のよさから江戸時代には茶店があったらしい。天気がいい日には富士見台の説明看板の後方に、その優雅で大きな姿を拝むことができる。

さらに下ると16丁目の分岐に着く。小さな台地状の所でベンチが設置され、登る人と下る人が交差している。ひと息入れよう。ほとんどの登山者はここから阿夫利神社下社まで行き、大山ケーブルを利用して下山している。

16丁目で表参道とはお別れ。石柱の裏手からそのまま尾根道を下るが、ここから歩く人は少なくなり、のんびり歩ける。滑りやすい箇所に短いロープが張られている。慎重に下ろう。ここを過ぎると西の峠に着く。

7

6 8

9

10

⑥江戸時代には茶店があったといわれる富士見台。当時の人にとっては一生に一回の大山詣。当時と変わらない富士山の姿なのだろうか？　⑦阿夫利神社下社、大山ケーブルカー方面に向かう分岐の西の峠。小広い場所だ。⑧歩いていて気持ちがいい念仏山手前の尾根道。⑨相模湾や江の島が展望できる念仏山山頂。⑩日本武尊（やまとたけるのみこと）の伝説が残る吾妻山。山頂からは三浦半島や江の島、湘南海岸が遠望できる

歩く人の少ない尾根道を
善波峠まで下る

　西の峠から蓑毛越（みのげごえ）の道標に従って進む。樹林帯に延びる柔らかな土の道だ。女人禁制の碑を過ぎてしばらく進むと、蓑毛越。ここで汗を拭う。水分補給も忘れないように。**浅間山⑤**を過ぎると大きな鉄塔が見えてくる。そのまま直進すると林道に入り、ＮＴＴの中継所の脇を歩く。さらに林道を進むとパラボラアンテナに出合う。しばらく進むと弘法山の道標があり、林道から登山道に入る。**不動越⑥**を過ぎてしばらく進むと伊勢原市街が一望

できる**高取山⑦**だ。わずかに下ると聖峰に下る分岐があるが、ここは直進。道なりに進めば**念仏山⑧**の山頂。相模湾や江ノ島を展望することができる。山頂から雑木林を下れば**善波峠⑨**。ここを左に下れば**吾妻山⑩**を経由して**鶴巻温泉駅⑪**に到着する。駅手前に日帰り入浴施設の弘法の里湯がある。

> 💧 **水場**　大山阿夫利神社境内に大山名水神泉という湧水があるが、途中の乗り換え駅や伊勢原駅前のコンビニなどで事前に用意していこう。
>
> 🚻 **トイレ**　コース上ではヤビツ峠、大山山頂、鶴巻温泉駅にある。

●問合せ先
伊勢原市商工観光課 ☎0463-94-4729
神奈川中央交通バス伊勢原営業所 ☎0463-95-2366
大山ケーブル ☎0463-95-2040

ヤビツ峠売店

飲料水の自動販売機を備えた売店。店内ではスナック類やお土産、丹沢ホームオリジナルの本などが売られている。土・日・祝日のみの営業。8時～17時。

ヤビツ峠レストハウス丹沢MON

カレーライスや豚汁、コーヒーなどが味わえるレストハウス。手袋や帽子なども購入できる。平日9時～16時、休日8時30分～16時30分の営業。水、木曜定休（祝日の場合は翌日）。

5 | 弘法大師と日本武尊ゆかりの低山を縦走する 初 級

こうぼうやま
弘法山

標高	235m
歩行時間	2時間50分
最大標高差	200m
体力度	★☆☆
技術度	★☆☆

1/2.5万 地形図	秦野、伊勢原

登山適期とコースの魅力

1月	2月	3月	4月	5月	6月	7月	8月	9月	10月	11月	12月
			桜類		アジサイ					紅葉	
				シャガ					コマユミの実		
						ヤマユリ					

展望　弘法山は樹木に覆われているが展望台のある権現山からは大山や箱根方面が見える。
味　コース上にグルメスポットはないが、秦野駅周辺にはたくさんの食事処がある。
紅葉　弘法山から権現山にかけて春のサクラとともに人気なのが紅葉。11月下旬〜12月上旬。

春　新緑やサクラで吾妻山〜弘法山〜権現山が埋め尽くされる。
夏　抜けるような青空の下、いっせいにヤマユリが登山ルートを埋める。
秋　新緑に次いで紅葉の名所としてもおすすめ。
冬　木漏れ日を求めて訪れる人が多い。

秦野駅側の登山口にある大きな道標

アクセス

新宿駅 ── 小田急小田原線 快速急行　58分 610円 ── 鶴巻温泉駅 ┄┄ 2時間50分 ┄┄ 秦野駅 ── 小田急小田原線 快速急行 1時間7分 700円 ── 新宿駅

小田急線は平日の早朝は多くの通勤客や通学客で混雑する。そのため1本見送って次の電車に乗ったほうが座れる可能性は高い。また休日になると丹沢や箱根方面へ向かう観光客やハイカーでにぎわう。新宿駅からは10分に1本程度。

マイカー　縦走コースなのでマイカーで出かけるなら秦野市街に車を駐めて、紹介コースを逆に歩いてみよう。

 コースガイド
まずは日本武尊伝説の残る吾妻山を目指す

　休日の朝の新宿駅は、心なしか華やいで見える。小田急線の電車に乗れば、さらにテンションが上がるはず。軽登山靴を履いたハイカーや大きな荷物を抱えた登山客の姿が目につくからだろう。そうした同好の人たちを乗せて電車は進む。1時間ほどでまとまった数のハイカーが下車する伊勢原駅に着き、ほどなく**鶴巻温泉駅❶**に到着する。

　駅を北口に出て、ここからすぐに歩き始める。住宅街を進むと、日帰り温泉施設として人気の弘法の里湯が左側にある。歩き始めて間もないので、ここは通り過ぎる。さらに右側にはあらかじめ定休日を設けて業績をV字

権現山山頂の展望台から大山を眺める

①サクラの季節が最も華やぐ馬場道。サクラのほかアジサイやヤマユリも美しい。②登山口。③吾妻山山頂の休憩舎

回復させたことで知られる旅館陣屋がある。

これらを目印にしながら民家の間を抜け、東名高速道路をトンネルでくぐる。それを抜けた所に弘法山の標柱が立っている。それに従って民家の脇を登ると石柱が現れる。ここからは山道になり、石柱を回り込むようにして左へ進む。のどかな畑の脇を歩いていくような感じだ。

左右に畑が広がる田園地帯から、やがて日当たりの悪い樹木の茂った道になる。しかし、東名道を行き交う車のエンジン音ははっきり聞こえる。視覚と聴覚の情報のアンバランスさがおもしろい。里山歩きの特徴でもある。木々の間を気持ちよく進むと、**吾妻山❷**に到着する。

コース最初のピーク、吾妻山の山頂には小さな東屋が建っている。サクラの木に囲まれて展望はきかないが、日当たりはよすぎるくらいだ。ここは日本武尊が東征の折に立ち寄ったところといわれてもいる。サクラの季節は言わずもがなだが、そんな伝説を思いながら休憩するのもいいだろう。

ひと息ついた後、体が冷えないうちに出発しよう。吾妻山からゆるやかに下っていく。やがて道は平坦になり、まっすぐに延びる尾根道を進むようになる。直線的な道は日当たりに恵まれ、気持ちよく歩ける。鉄塔下を抜

けて、さらに進むと**善波峠分岐❸**に着く。ここを右にとると、念仏山を経て大山へと通じる登山道になる。今日は反対に左へ。階段を登りきった辺りは大山方面の眺めがよく、立ち休みをしながら楽しむといい。最後に急坂をひと登りすれば、**弘法山❹**に到着する。

混雑を覚悟したい
サクラの季節

この山はその名からもわかるように、弘法大師ゆかりの山として知られている。ここで修行をしたらしいと伝わっている所だ。釈迦堂や鐘楼があるほか、現在は涸れてしまっているが大師ゆかりの井戸などもある。花見の名所としても親しまれ、シーズンには大勢の花見客で混雑する。

このコースのハイライトの山頂で、昼食や

💧 **水場** 弘法山から浅間山にかけて水道設備があるが、飲料水は鶴巻温泉駅前のコンビニを利用するといい。

🚻 **トイレ** コース上では弘法山先、権現山、浅間山手前にある。

●問合せ先
秦野市役所観光振興課 ☎0463-82-9648
小田急電鉄お客様センター ☎044-299-8200
小田急電鉄秦野駅 ☎0463-81-1661

丹沢　弘法山

昼寝を存分に楽しんだら、登ってきた道の反対側に延びる階段を下る。階段が終わると広く平坦な道を進む。この道は、かつて近隣の人たちが草競馬を楽しんだ所といわれていて、現在でも馬場道と称されている。ここも花見の名所のひとつなので、サクラのシーズンには自分のペースで歩くことは難しいことを覚悟したい。

バードウォッチングも
気軽に楽しみたい

この道の先に登場する階段を登った所が、展望台のある**権現山❺**だ。ここの山頂は広いので、レジャーシートを広げるのにはもってこいの場所だ。この展望台からは大山方面は

もとより、箱根方面も展望できる。また、バードウォッチングの愛好家が集う山でもあって、観察舎も備えられている。双眼鏡や望遠レンズを用意して訪れるのも楽しい。

ここから東屋の脇から下りる木の階段を下っていく。この道はすぐに車道と交差する。それを横切って遊歩道を登っていくと、コース最後のピークとなる**浅間山❻**に着く。ここにはベンチが設けられているので、最後の休憩をしよう。

雑木林をジグザグに下れば、ほどなく**弘法山登山口❼**に到着する。ここから先は雨の日でも歩きやすい舗装路を歩くことになる。**秦野駅❽**までは20分ほどの道のりだが、知らず知らずのうちにスピードが出がちになる。

④歩きやすい登山道が続く。木漏れ日を浴びてのんびり歩きたい。野鳥のにぎやかな声が聞こえてくる。⑤広い登山道。訪れる人の多い山だが、すれ違いに苦労することはない。⑥弘法山山頂に咲くサクラ。この季節と紅葉期が最もおすすめ。⑦権現山山頂の展望台。⑧紅葉に染まる弘法山山頂。サクラの季節とともにおすすめの登山季節

立ち寄り ♨ **弘法の里湯**

鶴巻温泉駅から弘法山へ歩き始めてすぐの所にある日帰り温泉施設。この温泉が目当てなら紹介コースを逆に歩くといい。難度は変わらない。泉質は弱アルカリ性で筋肉痛や神経痛、切り傷などに効能がある。食事処も併設。●入浴料：平日　大人（高校生以上）2時間800円、小・中学生400円。休日は大人1,000円、小・中学生500円になる。営業時間：10時〜21時。月曜休館（休日の場合は翌平日）。

ハイカーに人気の日帰り温泉施設

弘法山

0　　　　500m
1:30,000
＜参考＞2.5万地形図
秦野・伊勢原

N

神奈川病院
落合
渋沢へ
曽屋
日本たばこ
人船町
曽屋（二）
末広町
幸町
寿町
文京町
まほろば大橋
今川町
弘法橋
本町
渋沢へ
秦野駅　大秦町
❼登山口
河原町
❽
新常盤橋交差点
尾尻
泉尻（一）
秦野中井ICへ

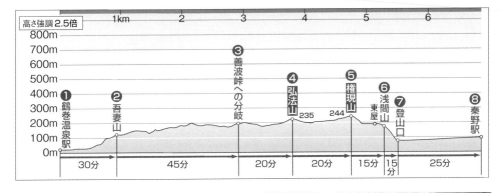

足には意外に疲労がたまっているはず。交通量も多いので、車に十分注意しよう。グループの場合は、必ず縦一列で歩くように。

　このコースは約3時間で四つのピークを越える立派な縦走路。山歩き入門には格好だ。

⑧

Ⓑ秋の展望台と富士山

Ⓐ鶴巻温泉の道脇に立つ道標と石仏北金目（四）

		標高	220m(渋沢丘陵)
6	牧歌的雰囲気が広がる丘陵地帯を歩く　初級	歩行時間	3時間
		最大標高差	190m
		体力度	★☆☆
		技術度	★☆☆

渋沢丘陵
しぶさわきゅうりょう

1/2.5万 地形図	秦野

登山適期とコースの魅力

1月	2月	3月	4月	5月	6月	7月	8月	9月	10月	11月	12月

梅　桜　アジサイ　紅葉
菜の花
オキナグサ

展望　丹沢山塊を南から眺めながら歩くことができる。牧歌的な広がりも魅力のひとつ。
花　震生湖の斜面に絶滅危惧種のオキナグサを観察することができる。開期は3月中旬〜4月中旬頃。コース上では7月のアジサイや紅葉に染まる丹沢山塊の姿も人気。

春　菜の花畑が広がる渋沢丘陵と丹沢山塊とのコントラストがきれいだ。4月の桜も美しい。
夏　盛夏は蒸し暑さを感じる箇所が多いが、多少風のある日は気持ちがいい。
秋　震生湖の紅葉は見事。
冬　晴天なら陽だまりハイクが楽しめる。

秦野市で観察できる野鳥の看板

アクセス

新宿駅 →（小田急小田原線 快速急行1時間7分 700円）→ 秦野駅 →（3時間）→ 渋沢駅 →（小田急小田原線 快速急行1時間12分 700円）→ 新宿駅

秦野駅には特急ロマンスカーのふじさんが停車する。また、はこね、さがみ、ホームウェイの一部も停車する。帰路に

乗車する渋沢駅に特急は停車しないので、快速急行を利用する。
マイカー　秦野駅周辺のコイン

パーキングを利用して、下山後に渋沢駅から秦野駅まで1駅小田急線で戻る。秦野駅周辺には飲食店も多い。

コースガイド

ハイライトは多目的に応えてくれる湖

秦野駅❶南口からスタートする。駅前の通りを進み、突き当たりを左へ曲がる。最初の信号で右に入ると今泉名水桜公園の看板があるので、それに従う。池を中心に庭園風に整備された静かな公園だ。

ここを抜けた所に震生湖への道標が立っている。それに従って住宅街を歩く。右左折を繰り返して進むが、要所に道標があるので、それに従って進めばいい。

南小学校❷前の信号を過ぎてしばらく歩くと白笹稲荷神社が見えてくる。赤く大きな鳥居が目印だ。

ここは関東三大稲荷に数えられる由緒ある

今泉名水桜公園。市民の憩いの場として利用されている
関東エリアの太公望がこぞって通う緑濃い震生湖

神社で、さまざまな行事が行われている。拝殿天井絵の竜神、風水四神、宝尽くしの図は神々しいばかりだ。時間があれば、ぜひ立ち寄ってみたい。

神社を出て先に進み、車道を渡る。コース屈指の登り勾配の道を進むと大きく右に曲がり、畑が広がるエリアに入る。しばらく進むと展望が開けてくる。とくに丹沢山塊の前衛峰のひとつ、大山の姿が印象に残る。

①震生湖に向かう途中から眺める丹沢山塊。②関東三大稲荷のひとつに数えられる白笹稲荷神社。③震生湖に向かう開放的な道

のんびりとした景色に癒されながら、さらに先に進む。迷子にならないように、要所に震生湖への道標が立てられているので、安心して歩ける。

震生湖入口の看板で左に入る。ここからわずかに下れば**震生湖❸**に着く。この湖はコース散策のハイライト。素通りするのはあまりにももったいない。ここだけを目的に訪れる人も多いスポットだけに、駐車場を抜けてぜひ湖畔に行ってみよう。売店や貸しボートのある湖畔には寺田寅彦の句碑も建ち、だれをも素通りするなどとんでもないという気分にさせてくれる。

寅彦は明治から昭和初期にかけて活躍した物理学者で、随筆家や俳人としても知られている。その名を広く世の中に知らしめたのは、「天災は忘れた頃にやってくる」という金言で、彼が発した言葉とされている。1世紀以上を経た現在でも、大きな災害が起きるたびに思い起こされる警句としての価値は色あせることはない。

この湖、人工湖ではなく関東大震災の際に渋沢丘陵の一部が崩落してできた自然湖だ。景色を一変させてしまう自然の威力には心の底から驚かされるが、そのおかげで今では多くの人がこの湖を目指して訪れる。野鳥観察の好スポットのため、野鳥ファンが目につく

ほか、何といってもヘラブナ釣りを目的に釣り糸を垂れる釣り人が目立つ。その姿の多さに目を見張らされ、いまさらながら自然の厳しさがもたらしてくれる恵みを実感できる。また、湖畔を一周できる遊歩道も整備されているので散策目的の人々の姿も加わって、とくに休日になるとさまざまな目的の人々でにぎやかさが増す。次に訪れるときには、必要な道具を持参すれば、より充実した休日を過ごせるはずだ。

このコースを歩けた平和な日常に感謝し、これをきっかけにふだんは忘却のかなたに追いやっている災害への意識を改めて取り戻し、寅彦が強く伝えたかったであろう備えを確認、心構えを再点検したい。そのことを湖畔の句碑が教えてくれる。

震生湖

1923年（大正12年）9月1日の関東大震災で付近が陥没して誕生した湖。湖の東側には、その時に崩壊した跡が残っている。水深は平均4m。最も深い所が10mといわれる。新緑や紅葉期には東京方面からも多くの人が訪れている。

近隣だけではなく、東京方面からも多くの人が自然散策に訪れる

4 5
7 8

6

④福寿弁財天。日本三大弁財天の総本山で奈良の天河弁財天の分霊を頂く神社。⑤田畑が広がる里山的な雰囲気を持つ場所でもあり、日頃の喧騒から逃れて精神を癒してくれるコースでもある。⑥コース上には牛舎もあり、静かに草を食む牛の姿を見かけることもできる。余談だが、この牛に会うために訪れる人もいるようだ。⑦畑脇の道も遊歩道扱いされている。畑で作業する人たちも気軽に挨拶してくれる。⑧終点の渋沢駅

広がる畑や牛の姿に
ゆったり流れる時の豊かさを思う

歩いてきた道に戻って左へ進む。震生湖バス停のすぐ先に右に入る小道がある。角に渋沢丘陵1kmの道標が立っている。これを目印に、この小道に入る。のどかな田園地帯に延びる道だ。正面に配水池が見えてきたら、その手前に牛舎がある。忙しい日常とはかけ離れた、のんびりと草を食むかわいらしい牛の姿に心が癒されるのは間違いない。

ゆったりとした時間が流れている道をさらに進む。鉄塔下を過ぎると、未舗装の農道のような道に変わる。この辺りが渋沢丘陵の中心地らしい。前後左右に畑が広がり、どこか懐かしささえ感じされる風景が、そこにある。

💧 **水場**　コース上に水場はないが、飲料水の自販機は多い。秦野駅近辺で購入して出発しよう。

🚻 **トイレ**　秦野駅、渋沢駅以外だと震生湖にしかない。買い物ついでにコンビニ利用もある。

●問合せ先
秦野市役所観光振興課 ☎0463-82-9648
小田急電鉄秦野駅 ☎0463-81-1661
中井町役場 ☎0465-81-1111

畑と畑を区切るようにきれいな雑木林が育ってもいて心が癒される。

里山気分を楽しみながら、心地いい風に身をゆだねて、豊かな気分に満たされて歩く。**渋沢丘陵チェックポイント④**を過ぎた後、**小原分岐⑤、栃窪分岐⑥、頭高山分岐⑦**をそれぞれの道標に従って渋沢駅を目指して歩いていく。

スギの植林

⑨渋沢駅

⑧車道出合

⑦頭高山分岐

杉の植林の中を下る細い道

御嶽大権現（栃窪神社）

渋沢丘陵と震生湖

0　　　　　500m
1:25,000
<参考>2.5万地形図
秦野

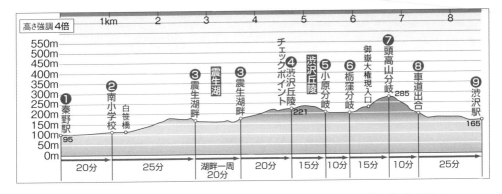

高さ強調4倍		1km	2	3	4	5	6	7	8	

① 秦野駅 95
② 南小学校　白笹橋
③ 震生湖畔
③ 震生湖
③ 震生湖畔
④ 渋沢丘陵チェックポイント
④ 渋沢丘陵 221
⑤ 小原分岐
⑥ 栃窪分岐
御嶽大権現入口
⑦ 頭高山分岐 285
⑧ 車道出合
⑨ 渋沢駅 165

20分　25分　湖畔一周20分　20分　15分　10分　15分　10分　25分

の間の細い道を下っていくと、いつしか道は舗装路に変わっている。

コースの最後は、翌日から始まる日常に復帰するためのリハビリテーションといってもいい区間。右に栃窪会館という集会所が見えたら、それを目印に右に曲がる。道なりに進

んで川を渡り、目の前の階段を登る。

そこが**車道出合⑧**で、バスも通る道。ここを右に折れ、その先で左に曲がる。道なりに進み、渋沢交番の前を左に入れば、すぐに丹沢エリアの西の重要な拠点の一つでもある**渋沢駅⑨**に着く。

ⓒ栃窪分岐。道標は民家の庭先にある。真っ直ぐ行く

Ⓑ小原分岐。「小原」方面は車道を行く道

Ⓐここから右に浅間台へ登っている道へと入る

7 塔ノ岳への定番コース大倉尾根を往復する

初・中級

標高	1491m
歩行時間	6時間5分
最大標高差	1200m
体力度	★★☆
技術度	★☆☆

おおくら～とうのだけ
大倉～塔ノ岳

1/2.5万地形図	大山、秦野

登山適期とコースの魅力

1月	2月	3月	4月	5月	6月	7月	8月	9月	10月	11月	12月

積雪

イワカガミ

紅葉

トウゴクミツバツツジ

バイケイソウ

ヤマユリ、ホタルブクロ

展望　晴天なら山頂から富士山が眺められる。途中の花立から展望する相模湾も迫力がある。
花　4～5月の新緑が美しい。また、6月になるとトウゴクミツバツツジも観賞できる。
小屋　大倉尾根には小屋が7軒ほどあるが、通年営業しているのは山頂の尊仏山荘のみ。

春　積雪の心配がいらないのは4月になってから。中旬になると全山が新緑に染まる。
夏　盛夏は登山向きではないが登山者は多い。
秋　台風シーズンが過ぎた頃からが秋山登山向き。紅葉は10月中旬頃からがいい。
冬　必ずアイゼンを持参すること。

連日多くの登山者が訪れる大倉の登山口

アクセス

新宿駅 — 小田急小田原線 快速急行 1時間12分 700円 — 渋沢駅 — 神奈川中央交通バス 15分 210円 — 大倉バス停 … 6時間5分 … 大倉バス停 — 神奈川中央交通バス 15分 210円 — 渋沢駅 — 小田急小田原線 快速急行 1時間12分 700円 — 新宿駅

山行に必要なものは事前に用意しておく必要はあるが、渋沢駅前にはコンビニがある。大倉までのバス便については

神奈川中央交通バスのホームページで確認しておくこと。渋沢駅から大倉までタクシー運賃は1400円ほど。

マイカー　大倉からピストンなので、マイカー派にもおすすめ。大倉バス停のほかコインパーキングもある。

コースガイド

あまりうれしくはない通称のバカ尾根

　登山口の**大倉バス停❶**は、塔ノ岳への玄関であると同時に鍋割山のそれでもある。したがって、休日の朝のバスは混雑が激しい。

　鍋割山に向かう人たちを横目に、まっすぐ延びる登山道に入っていく。民家や民宿などが建ち並ぶエリアを抜けると、いよいよ登山が始まる。簡易舗装の道を進み、陶芸の大きな窯の脇を抜ける。この辺りから山道になるが、まだ体が慣れていないので、焦らずにゆっくり歩くこ

塔ノ岳山頂。正面が尊仏山荘

とを心がけよう。観音茶屋を通過すると分岐点に出る。どちらの道を選択してもいいが、右に登ると若干時間を短縮できる。スギ並木がきれいな登山道を進むと**雑事場ノ平❷**。正面には見晴茶屋が建っている。

歩行時間は長いが要所に小屋があり、心強い

　ここからが大倉尾根の本格的な登り。岩が転がる道をわずかに登り、階段を進む。石が敷き詰められたような道を抜けると、比較的平坦な尾根道になる。階段状の道を登った所には**駒止茶屋❸**がある。一段上のテーブルで小休止をしよう。

　歩く人が多いこのコースには休憩に便利な小屋が点在している。シーズンによっては休

業している小屋もあるが、疲れきる前に利用して休憩しながら登ると事故の危険性は格段に減る。

　駒止茶屋を過ぎると木道を歩くようになる。緑が美しい道だ。ほぼ平坦に近い道を抜け、ひと登りすると**堀山の家❹**がある。行程は長く、標高差も大きいコースなので、こまめに休憩をするようにしたい。ここでも小屋前のベンチでひと休みしていこう。

　堀山の家を過ぎると岩混じりの道を登るようになる。わずかな距離だが、立ち休みを繰り返して登る。戸沢方面に下る**天神尾根分岐❺**を過ぎると岩場に出る。危険はないが、渋滞しやすい。その先の木の階段を登りきると、夏なら氷、冬なら汁粉が名物の花立山荘。その前からは相模湾の輝く水面が見える。

　花立山荘のテラスでひと休みしたら、岩混じりの道をわずかに登る。その後、木道を歩き、細い尾根道を登る。左から道が合流した所が**金冷シ❻**。山中では貴重な、はっきりとしたポイントといえる。ここを右に進めば、30分ほどで目指す**塔ノ岳❼**に到着する。

①塔ノ岳山頂から富士山を展望。湿度の低い晴天日ならくっきりとした姿が拝めるはず。②歩き始めて50分ほどで道が分かれる。ここは右へ登る。③明るい大倉尾根。④大倉尾根は木道歩きも多い。⑤堀山の家を過ぎると本格的な登りになる

💧 **水場**　塔ノ岳山頂から西へ300mほどの所に不動の清水があるが、道が荒れている上に水量が少ないので持参するようにしよう。

🚻 **トイレ**　大倉、観音茶屋、見晴茶屋、花立山荘、尊仏山荘が利用できる。

●**問合せ先**
秦野市役所観光振興課　☎0463-82-9648
秦野ビジターセンター　☎0463-87-9300
神奈川中央交通バス秦野営業所　☎0463-81-1803

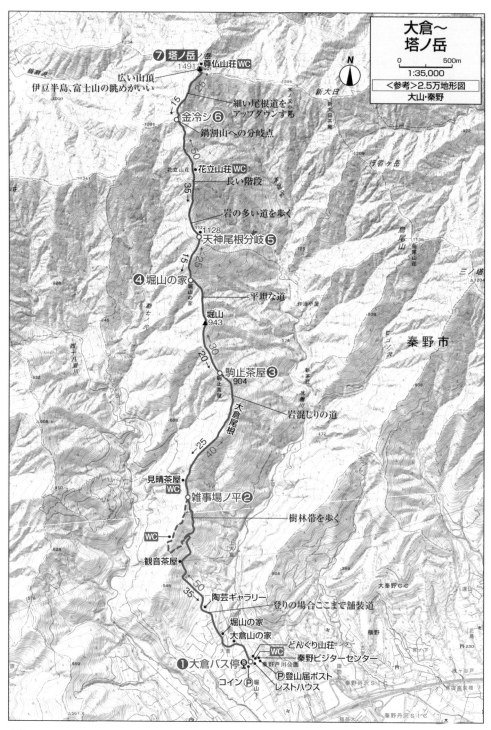

大倉～塔ノ岳

0　500m
1:35,000

<参考>2.5万地形図
大山・秦野

⑦ 塔ノ岳 岳
1491　尊仏山荘 WC

広い山頂
伊豆半島、富士山の眺めがいい

細い尾根道を
アップダウンする

金冷シ ⑥

鍋割山への分岐点

花立山荘 WC

長い階段

岩の多い道を歩く

1128
天神尾根分岐 ⑤

④ 堀山の家

平坦な道

堀山
943

駒止茶屋 ③
904

岩混じりの道

大倉尾根

見晴茶屋
WC

雑事場ノ平 ②

樹林帯を歩く

WC

観音茶屋

陶芸ギャラリー　登りの場合ここまで舗装道

堀山の家
大倉山の家

どんぐり山荘
WC
秦野ビジターセンター

❶ 大倉バス停 🚏

登山届ポスト

コイン 🅿️ 堀山下
レストハウス

秦野市

秦野戸川公園

🅿️

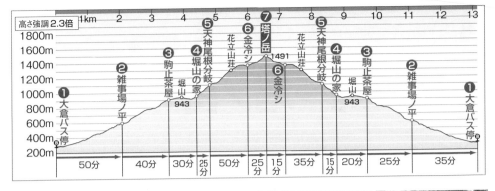

高さ強調2.3倍

①大倉バス停 ②雑事場ノ平 ③駒止茶屋 ④堀山の家 堀山943 ⑤天神尾根分岐 花立山荘 ⑥金冷シ ⑦塔ノ岳 1491 花立山荘 ⑤天神尾根分岐 ④堀山の家 堀山943 ③駒止茶屋 ②雑事場ノ平 ①大倉バス停 ⑥金冷シ

50分 40分 30分 25分 50分 25分 15分 35分 15分 20分 25分 35分

塔ノ岳山頂は広々として、展望も素晴らしい。蛭ヶ岳や西丹沢のほか、富士山、甲斐駒ヶ岳や北岳などの南アルプスが望める。箱根や伊豆半島の山並み、相模湾の奥に浮かぶ伊豆大島までも眺められる。この大展望を楽しむなら、空気が乾燥した晴天日に限る。梅雨明け直後が第一候補だが、経験者なら、最低でも軽アイゼンは必要になるが、厳冬期もおすすめしたい。

山頂標を中心に多くのベンチも設けられていて、休憩場所には困らない。また、尊仏山荘は丹沢エリアの小屋にあっては珍しく通年営業していて万一のときにも安心できる。ここで提供しているコーヒーは、30分ほど下った不動の清水の水で淹れたもの。どこかひと味違うような気がする逸品で、長い時間をかけて苦労して登ってきた塔ノ岳山頂を踏みしめた記憶を定着させるいい思い出になる。

6 7
8 9

⑥この岩場を越えると花立山荘に向かう長い階段登りが始まる。⑦花立山荘に向かう長い階段。好天なら登り始めると後方に相模湾が見えてくる。⑧休憩にもいい花立山荘。毎年のように通う常連も多い。⑨花立山荘上部の木道。展望がいい

元気いっぱいの登りより 下りにこそ注意しよう

下山は往路を大倉まで戻る。

登りではほとんど気にもならなかった箇所が意外な難所になることもある。鍋割山への道が分岐する金冷シでは道が細く、すれ違いに注意しよう。さらに、崩壊した場所に造られた小さな橋を渡った先にある階段ではすれ違いは難しく、登ってくる人がないことを確認してから進む。また、花立付近では植生保護のために設けられた木道を決して外れないこと。その他の箇所でも、気づかないうちに足が疲れていて、滑ったり転倒したりすることがあるかもしれない。帰路のバスに乗る大倉に下り立つまでは絶対に気を抜かず、慎重に行動しよう。

尊仏山荘

丹沢山系では最も有名な山小屋。1年365日営業していることも登山者には有難い存在だ。せっかく塔ノ岳に登ったのだから、1階のティールームでコーヒー（400円）を飲みながら休憩しよう。そのほかにおしるこや甘酒などもある。日程が許せば1泊するのもいい。1泊2食付8000円。

塔ノ岳山頂に建つ尊仏山荘。天気の悪い時には喫茶室を利用しよう

丹沢　大倉〜塔ノ岳

8 ヤビツ峠からアプローチして大倉尾根を下る 初・中級

やびつとうげ〜とうのだけ
ヤビツ峠〜塔ノ岳

標高	1491m
歩行時間	6時間50分
最大標高差	1,200m
体力度	★★☆
技術度	★☆☆

1/2.5万地形図	大山、秦野

登山適期とコースの魅力

1月	2月	3月	4月	5月	6月	7月	8月	9月	10月	11月	12月

積雪
イワカガミ
トウゴクミツバツツジ
バイケイソウ
ヤマユリ、ホタルブクロ
紅葉

展望　ヤビツ峠の先から始まる表尾根は起伏のある道。三ノ塔辺りから大きな展望が広がる。
花　イワカガミやトウゴクミツバツツジ、シロヤシオなどを観察することができる。
小屋　表尾根には烏尾山荘、新大日小屋、木ノ又小屋、山頂には憧れの尊仏山荘が建っている。

春　新緑は4月の中旬過ぎ。この頃だと晴天なら山頂は温かく、何時間でも滞在したくなる。
夏　梅雨の晴れ間を狙って登ると、ブナの新芽が輝いている。丹沢を訪れる人が最も多い季節。
秋　10月中旬からの紅葉期がおすすめ。
冬　表尾根の凍結に要注意。

烏尾山荘から気持ちのいい表尾根を歩く

アクセス

新宿駅 → 小田急小田原線 快速急行 1時間7分 700円 → 秦野駅 → 神奈川中央交通バス 48分 490円（原則通年運行だが、積雪などにより運休有。要確認） → ヤビツ峠バス停 … 6時間50分 … 大倉バス停 → 神奈川中央交通バス 15分 210円 → 渋沢駅 → 小田急小田原線 快速急行 1時間12分 700円 → 新宿駅

早朝の小田急線は通勤、通学客で混雑する。途中駅での乗降も多く、新宿駅では1〜2本後の電車のほうが座りやすい。特急ロマンスカー利用なら、事前に指定券を購入する。
　秦野駅からヤビツ峠へのバスは本数が少ない。午前中に発車するのは、平日は8時25分のみ。土休日は7時20分、7時44分、8時24分、9時4分の4本。

コースガイド

どこで休憩するかが悩ましい

　ヤビツ峠①でトイレを済ませたら、バスが登ってきた舗装路をそのまま歩き始める。車も通行するので、できるだけ道路端を歩こう。
　道がふたつに分かれる所にトイレがあり、それを過ぎると表尾根の登山口がある。
　この登山口から山道になる。最初から急勾

歩き始めは体がまだ慣れていないので、ゆっくり登ること

三ノ塔を過ぎると正面に表尾根の縦走路が見えてくる

配だが、すぐに林道に出る。ここを渡り、再び山道を登る。樹林帯で結構暑い。軽く汗ばんでくるようになると、若干ザレた道に入る。ここで木々は薄くなり、涼しさを感じられるようになる。
　さらに高度を上げていくと、後方に古くから信仰を集めてきた、知名度の高い大山が見えようになる。ぬかるんでいることの多い道を抜けると二ノ塔に着く。テーブルが置かれていて、多くの登山者がくつろいでいる。最初の休憩をしたいところだが、前方に見える三ノ塔まで15分ほどなので頑張って進もう。いったん下って階段を登り返せば三ノ塔②。
　ここは広く、富士山や丹沢山塊、相模湾などの展望に優れている。宿泊厳禁の休憩用の建物もあるが、風がなければ小屋前の広場の

①行者岳からの下りはクサリを頼りにすることになるが、雨の時には岩が滑るのでより慎重に行動しよう。②新大日にかけての道は崩落した箇所があるので慎重に。③塔ノ岳山頂からの展望。④塔ノ岳山頂。⑤気持ちのいい大倉尾根を下る

ほうをおすすめしたい。

　三ノ塔から右下に見える烏尾山に向かう。階段状の道を下った後は、ガレ、ザレ気味の急坂をジグザグに下る。滑りやすい箇所にはクサリが取りつけられていて安心だ。三点確保の姿勢で進めば、クサリに頼らなくてもクリアできる。

　鞍部まで下りたら、一気に登り返す。着いた所に烏尾山荘が建っている。**烏尾山❸**だ。振り返るとはるか上方に三ノ塔が見える。かなり進んできたようにも思うが、まだまだ先は長い。

　ここからが気持ちのいい、表尾根コースのハイライトともいうべき尾根歩きになる。明るく変化に富むコースだ。左に遠く相模湾方面を眺めながら歩く。20分ほどするとクサリ場が現れる。これを登るが、クサリを頼らなくても大丈夫なので焦ることはない。着いた所が**行者岳❹**。ここは名前がついているのが不思議なほどの空間だ。岩の上の小さなピークといった感じで休憩するスペースはないので、登ってきたのとは反対側にあるクサリ

を使って下りにかかる。2段に分かれたこのクサリは表尾根の難所といってもいい。ここを下り、崩壊地を登る。足場が悪いのでゆっくりと行動するように。

ブナの林が美しい 山頂へのアプローチ

　新大日まで登ったら、ベンチでひと休みしよう。ここからは緑の濃い尾根道を進む。ゆるい勾配の道が続く。コースを彩るブナの林は、木ノ又小屋を過ぎてから楽しめるようになる。ただし、道幅は狭くなるので、すれ違いには注意したい。

　山歩きにはありがたくないが、薄く霧がかかっていたりすると雰囲気は満点。こうしたときでも、ここまで登ってきてさえいれば登山道はしっかりしているので、それを忠実にたどれば**塔ノ岳❺**の山頂に立つことができるはず。

　広々とした山頂には多くのベンチがあり、展望のよさも申し分ない。コースの途中で越えてきたいくつものピークでの休憩は最小限にして、山頂で過ごす時間を少しでも長くしたいところだ。

丹沢　ヤビツ峠〜塔ノ岳

💧 **水場**　ヤビツ峠から表尾根登山口に向かう途中に護摩屋敷水の水がある。

🚻 **トイレ**　ヤビツ峠の駐車場端にある。また、護摩屋敷の水近くと三ノ塔、烏尾山、塔ノ岳山頂、花立山荘、見晴茶屋、大倉にある。

●問合せ先
秦野市役所観光振興課　☎0463-82-9648
秦野ビジターセンター　☎0463-87-9300
神奈川中央交通バス秦野営業所　☎0463-81-1803

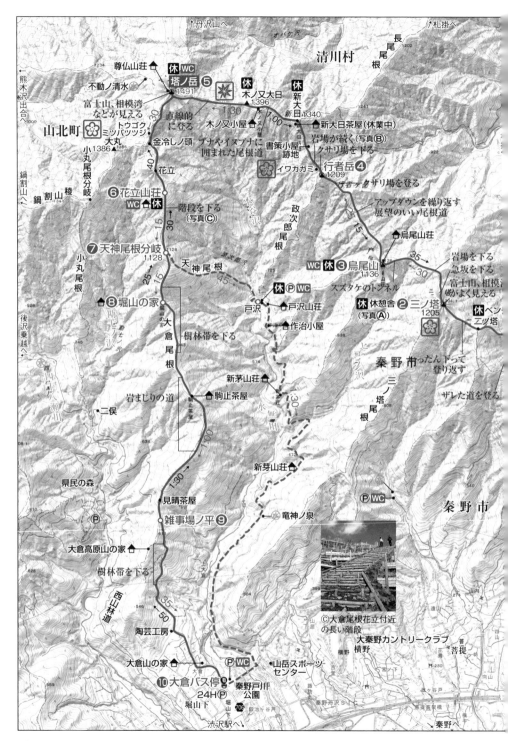

清川村

ナバケ沢

長尾尾根

尊仏山荘

休 **WC**
塔ノ岳 ⑤
1491

不動ノ清水

富士山、相模湾
などが見える

休
木ノ又大日
1396

休
新
大
日 1340

木ノ又小屋

新大日茶屋（休業中）

山北町

トウゴク
ミツバツツジ
大丸
1386

金冷シノ頭

直線的
に登る

ブナやイヌブナに
囲まれた尾根道

書策小屋
跡地

岩場が続く（写真B）

クサリ場を下る

花立

イワカガミ

行者岳 ④
1209

小丸尾根
分岐

鍋
割
山
稜

⑥**花立山荘**
WC **休**

階段を下る
（写真C）

政次郎尾根

本谷沢

行者ヶ岳クサリ場を登る

アップダウンを繰り返す
展望のいい尾根道

小丸尾根

⑦**天神尾根分岐**
1128

天神尾根

烏尾山荘

鍋割山へ

⑧**堀山の家**

大倉尾根

樹林帯を下る

WC **休** ③**烏尾山**
1136

スズタケのトンネル

岩場を下る
急坂を下る

富士山、相模
湾がよく見える

休
休憩舎 ②
（写真A）

三ノ塔
1205

休 ベン
二ツ塔

戸沢

休 **P** **WC**

戸沢山荘

秦野市

いったん下って
登り返す

後沢乗越へ

二俣

岩まじりの道

駒止茶屋

新茅山荘

駒止茶屋

水無川

三
ノ
塔
尾
根

ザレた道を登る

県民の森

新芽山荘

竜神ノ泉

P **WC**

秦野市

見晴茶屋

雑事場ノ平 ⑨

大倉高原山の家

樹林帯を下る

西山林道

陶芸工房

大倉山の家

⑩**大倉バス停**
24H **P**

堀山下

渋沢駅へ↓

P **WC**

秦野戸川
公園

山岳スポーツ
センター

C大倉尾根花立付近
の長い階段

大秦野カントリークラブ

横野

菩提

秦野へ↓

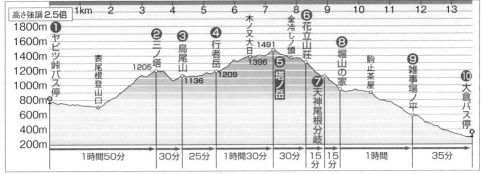

| 高さ強調2.5倍 | 1km | 2 | 3 | 4 | 5 | 6 | 7 | 8 | 9 | 10 | 11 | 12 | 13 |

① ヤビツ峠バス停 760m
表尾根登山口
② 二ノ塔 1205m
③ 烏尾山 1136m
④ 行者岳 1209m
木ノ又大日 1396m 1491m
金冷シ頭
⑥ 花立山荘
⑤ 塔ノ岳
⑦ 天神尾根分岐
⑧ 堀山の家
駒止茶屋
⑨ 雑事場ノ平
⑩ 大倉バス停

1時間50分　30分　25分　1時間30分　30分　15分　15分　1時間　35分

Ⓐ 二ノ塔に建つ休憩舎

↑札掛へ

護摩屋敷ノ水　■青山荘

舗装された
車道を歩く

菩提峠 P
表尾根登山口

WC

① ヤビツ峠バス停
岳ノ台 899m
P WC売店
（不定休）
ヤビツ峠レストハウス

イタツミ尾根

↓大山へ

↓蓑毛・秦野駅へ

Ⓑ 表尾根には岩場が多い

三角山 600m P WC

N

塔ノ岳
0　　　500m
1:35,000
<参考>2.5万地形図
大山・秦野

丹沢　ヤビツ峠〜塔ノ岳

登山開始時には晴れ、ブナ林では霧がかかり、山頂では再び見通しがきく晴れを望みたいが、ムシがよすぎるだろうか。

ここから先、計画通りの行動を

この先、大倉に下るまではP40の7大倉〜塔ノ岳を参照してほしい。

なお、塔ノ岳からは丹沢山を経由して丹沢の主脈を縦走したり、鍋割山へ立ち寄ったり、さまざまなルートが考えられる。ただし確実に事前の準備が必要だ。急な予定の変更は、情報の収集をはじめさまざまなことに影響が広がる危険な行為といえる。

事故を未然に防ぐためには、慎重な行動が不可欠。期待通りの展望が得られなくても、歩き足りないと思っても、突然の計画変更は慎むこと。ただし、途中で悪天候に見舞われて山頂の尊仏山荘をはじめ、途中にある山小屋に宿泊する場合は、この限りではない。

護摩屋敷の水

昔、修行に訪れた僧たちがここの水で身を清めたことから、この名がついたらしい。護摩屋敷とは、山伏が木などを炊いて修行する場所のことをいう。東京方面

水量が豊富で首都圏からポリタンク持参で訪れる人も多い

からわざわざ汲みにくる人も多いようだ。いつ訪れてもコンコンと湧いている。

9 | 鍋割山から鍋割山稜を歩いて塔ノ岳へ　中 級

標高	1491m
歩行時間	7時間30分
最大標高差	1201m
体力度	★★☆
技術度	★★☆

1/2.5万地形図	秦野、大山

なべわりやま～とうのだけ

鍋割山～塔ノ岳

登山適期とコースの魅力

1月	2月	3月	4月	5月	6月	7月	8月	9月	10月	11月	12月

積雪
イワカガミ
トウゴクミツバツツジ
バイケイソウ
ヤマユリ、ホタルブクロ
紅葉

展望　好天なら鍋割山、塔ノ岳どちらの山頂からも富士山を拝むことができる。
味　鍋割山山頂に建つ鍋割山荘の鍋焼きうどんが有名。これを目当ての登山者も多い。
新緑　鍋割山稜の緑は言葉では表現できないくらい美しい。トウゴクミツバツツジも見事。

春　鍋割・塔ノ岳山塊が最も美しく生命の息吹を感じられる季節。
夏　盛夏は蒸し暑く体力を消耗する。しかし、梅雨前や梅雨明け直後はさわやか。
秋　紅葉は10月中旬から11月中旬頃まで。
冬　雪がなければおすすめしたい季節。

登山途中に建つ水源の森づくり説明看板

アクセス

新宿駅		渋沢駅		大倉バス停		大倉バス停		渋沢駅		新宿駅

小田急線快速急行 1時間12分 700円
神奈川中央交通バス 15分 210円
7時間30分
神奈川中央交通バス 15分 210円
小田急線快速急行 1時間12分 700円

休日の渋沢駅前は多くの登山者で混雑する。そのため朝できるだけ早い時間に渋沢駅に到着していたい。新宿駅から

小田急線特急ロマンスカーを利用するなら、伊勢原か秦野で快速急行か急行に乗り換える。渋沢駅から大倉に向かう

バスの始発は土・日・平日ともに6時48分。その後7時、8時台は4本程度運行。タクシーは1,400円ほど。

ペットボトルを担いで鍋割山を目指す

渋沢駅からのバスが着く**大倉❶**からは、塔ノ岳に向かう大倉尾根（通称バカ尾根）と鍋割山を目指す道のふたつの登山道がある。ここは、左の西山林道に入る道を選択する。

要所には道標が立っているのでそれに従う。左に鍋割山・二俣の道標が立つ分岐から舗装された林道を進む。路面が土に変わり、やがて樹林帯に入る。道なりに歩行すると林道に出る。これが西山林道だ。

ここを右、二俣の道標に従う。右に分岐する地点には鍋割山の道標があるので、道なりに左へ行く。針葉樹が広がる林道を進む。勾配はきつくないが、先を考えてゆっくりと。

①実質的な鍋割山の登山口。小さな流れを濡れないように進む。
②後沢乗越に向けて大木が目立つ森のなかをゆっくり登る

左にあるベンチでひと休みして、さらに林道を歩く。左下にゲートのある分岐に出たら、正面の登り勾配の道へ。二俣・鍋割山の道標を目印に登ると、左側に日本山岳協会の発足に貢献し、丹沢エリアの国定公園化運動に尽力した尾関廣の銅像がある。

この先が登山届提出用のポストが設置されている**二俣❷**。その先に見える小さな橋を渡れば、すぐに右に分岐がある。鍋割山稜に登

③⑤

⑥

⑦

③緑濃い鍋割山稜。季節を変えて訪れることをおすすめする。富士山の展望もいい。④山頂手前の階段。あとひと頑張りだ。⑤後沢乗越。ここで寄（やどりき）方面からの登山道と合流する。邪魔にならない場所で休憩したら山頂を目指す。⑥鍋割山山頂。⑦鍋焼きうどんでよく知られる鍋割山荘

る小丸尾根の始点。

　ここにペットボトルの水が山積みになっている。水に乏しい鍋割山の鍋割山荘で使用する水だ。おいしい鍋焼きうどんが食べられるのはこの水あってこそ。体力とバックパックに余裕があれば、ぜひ小屋まで持っていこう。

　小さな橋を何本か渡り、岩に注意しながら登り、樹林帯に入る。大木の間を大きくジグザグに登る。ガレた道を登った所に「鍋割山1.9km」の道標が立っている。この道標を過ぎた辺りからは勾配がきつくなる。ひと休みしたくなる頃、**後沢乗越③**という峠に着く。

　ここから山頂へは急勾配の登り。1.7kmほど、木々の間に細く延びた道を進む。勾配はきつく、足場もあまりよくない。風が強い晩秋や初冬のプランなら、帽子と手袋は必携。

　勾配が落ち着いてくると、アセビの間に造

られた20mほどの木道が断続的に現れる。上空が開け、階段を登れば**鍋割山④**だ。

　山頂は広く、富士山や相模湾方面の展望に優れている。鍋割山荘では名物の鍋焼きうどんをぜひ味わいたい。

塔ノ岳山頂は
丹沢有数のにぎわい

　鍋割山から塔ノ岳へ向かって、稜線を東へ

　水場　コース上に川はあるが飲用に適していない。必ず事前に用意して持っていくこと。

トイレ　大倉、鍋割山荘、尊仏山荘、花立山荘、見晴茶屋、観音茶屋にある。小屋のトイレは協力金100円が必要。

●問合せ先
秦野市役所観光振興課 ☎0463-82-9648
神奈川中央交通バス秦野営業所 ☎0463-81-1803
秦野交通（タクシー）☎0463-81-6766

緑と土のコントラストがきれいな鍋割山稜

座る場所がたくさん用意された塔ノ岳山頂。正面が尊仏山荘

進む。軽くアップダウンして新緑に包まれた鍋割山稜を歩くのは気持ちがいい。黒々とした登山道と緑のコントラスト、ブナの特徴的な表皮が印象に残る稜線だ。後方にそびえる富士山が、階段を登るようになるとさらにはっきり見えてくる。小丸で休憩してさらに進む。**小丸尾根分岐❺**は二俣手前に下る小丸尾根の下降点。道標の裏から少し尾根のほうに行った地点からは大倉尾根が左手に見える。目の高さに見える建物は花立山荘だ。

稜線に戻って塔ノ岳へ向かう。長い階段状の道を登れば大丸を経て、階段状の道を下って**金冷シ❻**に出る。ここから左の階段を登り、さらに階段を登れば**塔ノ岳❼**の山頂だ。

好天なら広い山頂から富士山や南アルプスを望む雄大な景色が楽しめる。休憩用のベンチが数多く備えられているので、休憩に困ることはめったにないが、天気のいい休日には混雑することも多い。

下山は大倉尾根を下って大倉まで戻る。金冷シまでは往路を戻り、左の階段を下る。木道が敷かれた花立を過ぎるとガレた道になり、一段下に花立山荘が建つ。**天神尾根分岐❽**を直進し、岩混じりの道を下って**堀山の家❾**へ。

堀山の家を過ぎるときつい下り勾配はなくなり、ダラダラと下って**雑事場ノ平❿**へ。簡易舗装の道に入れば大倉はすぐだ。

鍋割山荘の鍋焼きうどん

鍋割山の名物といえば鍋割山荘のなべ焼きうどんが有名。混雑する休日には少し待たされることもあるが、その変わらない味とボリュームにリピーターも多く、鍋焼きうどんだけが目当ての登山者も少なくない。1500円。

うどんも具材も豊富でこれ目当ての人も多い

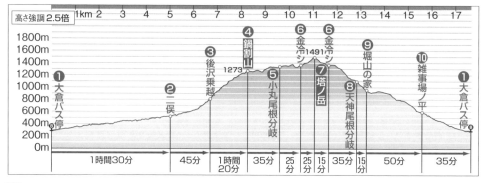

高さ強調2.5倍											

1時間30分 45分 1時間20分 35分 25分 25分 15分 35分 15分 50分 35分

50

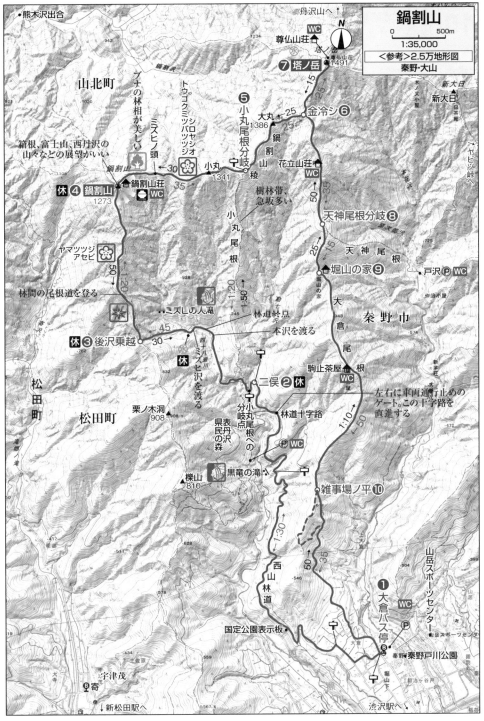

鍋割山

0　　　　　　500m
1:35,000
〈参考〉2.5万地形図
秦野・大山

丹沢山へ↑

N

熊木沢出合

山北町

尊仏山荘　WC

⑦ 塔ノ岳
1491

⑤ 小丸尾根分岐
大丸
1386

金冷シ ⑥

ブナの林相が美しい

トウゴクミツバツツジ
シロヤシオ
ミズヒノ頭
小丸
1341

鍋割山稜

箱根、富士山、西丹沢の
山々などの展望がいい

花立山荘
WC

樹林帯、
急坂多い

休 ④ 鍋割山
1273

鍋割山荘
WC

天神尾根分岐 ⑧

ヤマツツジ
アセビ

天神尾根

戸沢 P WC

林間の尾根道を登る

小丸尾根

堀山の家 ⑨

秦野市

大倉尾根

ミズヒの人滝

林道終点
本沢を渡る

休 ③ 後沢乗越

駒止茶屋
WC

松田町

栗ノ木洞

西山川ミズヒ沢を渡る

二俣 ② 休

左右に車両通行止めの
ゲート。この十字路を
直進する

林道十字路

小丸尾根への
分岐点
表丹沢
県民の森

P WC

櫟山
810

黒竜の滝

雑事場ノ平 ⑩

西山林道

山岳スポーツセンター

WC

① 大倉バス停
P

国定公園表示板

秦野戸川公園

宇津茂
寄

丹沢

鍋割山〜塔ノ岳

↓新松田駅へ

渋沢駅へ↓

51

10 東丹沢から西丹沢へ。核心部分を1泊ないし2泊で縦走する　　中級

とうのだけ～たんざわやま～ひるがたけ

塔ノ岳～丹沢山～蛭ヶ岳

標高	1673m(蛭ヶ岳)
歩行時間	12時間50分
最大標高差	1,100m
体力度	★★★
技術度	★★☆

1/2.5万地形図　大山、中川

登山適期とコースの魅力

	1月	2月	3月	4月	5月	6月	7月	8月	9月	10月	11月	12月
	積雪					シロヤシオ・トウゴクミツバツツジ					紅葉	
		アセビ					ヤマツツジ			フジアザミ		
				コイワザクラ				マルバダケブキ				

展望　ヤビツ峠からスタートして東丹沢から西丹沢に縦走するため、展望に恵まれている。
花　5月下旬～6月中旬にはシロヤシオやトウゴクミツバツツジ、ヤマツツジなどに恵まれる。
紅葉　稜線の紅葉は10月中旬頃から始まり、11月中旬頃に最盛期を迎える。

🌸　新緑とともに楽しめるのがツツジ。稜線付近では緑とツツジのコントラストが楽しめる。
☀　気温は高いが、稜線を吹き抜ける風は心地いい。表尾根の縦走に向いた季節ともいえる。
🍁　稜線の紅葉目当てに訪れる人が増える。
❄　積雪のため、雪山経験者に限られる。

ヤビツ峠から樹林帯を登り始める

アクセス

新宿駅 — 小田急小田原線快速急行 1時間7分 700円 — 秦野駅 — 神奈川中央交通バス 48分 480円（原則通年運行だが積雪などにより運休有。要確認） — ヤビツ峠 — 🥾 12時間50分（2泊3日） — 西丹沢ビジターセンターバス停 — 富士急湘南バス 1時間10分 1210円 — 新松田駅 — 小田急小田原線快速急行 1時間15分 800円 — 新宿駅

秦野駅からヤビツ峠へのバスは本数が少ない。午前中に発車するのは、平日は8時25分のみ。土休日は7時20分、7時44分、8時24分、9時4分の4本。
行程は2泊3日。初日は尊仏山荘、2日目は蛭ヶ岳山荘。

それぞれ歩行時間はかなり長い。蛭ヶ岳山荘に宿泊できないと踏破は難しいので、必ず予約をしておきたい。

コースガイド 👟 長時間の歩きには事前準備が大切

　2泊3日の日程で、山深い丹沢の魅力を全身で感じられるゴールデンルート。しっかりと計画を立て、体調の管理や携行品にもれのないように準備を怠りなく整えて、一度は歩いてみたいコースだ。なお、尊仏山荘のほかにもう1泊だけでは、どうしても1日の行程がきつくなる。足に自信がなければ、丹沢山のみやま山荘か蛭ヶ岳山荘、檜洞丸の青ヶ岳山荘のうちいずれかで1泊ずつすると、余裕をもって歩けるだろう。ただし、尊仏山荘のほかは、管理人がおらず、休業していることもある。尊仏山荘を含めて予約をしておくと安心できる。

①三ノ塔から大きく下って登り返した地点が烏尾山。烏尾山荘が見えている。②行者岳からの下り。クサリを頼りに下る。③表尾根塔ノ岳山頂手前はガスがかかっていることも多い。

　プロローグとなる**塔ノ岳❶**へは、ヤビツ峠からの表尾根と大倉から登る大倉尾根のふたつのいずれかが一般的。ここでは表尾根経由で塔ノ岳を目指すことにする。塔ノ岳まではP44の8ヤビツ峠～塔ノ岳参照。

檜洞丸山頂手前から眺める丹沢主脈。歩きごたえのある縦走路だ

　塔ノ岳山頂に建つ尊仏山荘で1泊する。東京や横浜方面の灯りが星のように輝いているが、小屋は静寂に包まれている。静かな山の夜を体験すると、心がリフレッシュされていくのがわかる。また、山小屋初心者にとっては、ここでの宿泊はいい体験になるはずだ。

　翌朝はいよいよ尊仏山荘の脇から続く、丹沢主脈の縦走路へ踏み出す。最初は階段下りから。この辺りはシロヤシオやトウゴクミツバツツジが多く、花の時期にはとくに美しい。ゆるやかに下った後は開放的で歩きやすい尾根道を進む。木々の美しさが実感できる場所だ。ハシゴを上下した後、富士山や丹沢山を眺めながら再び尾根を歩いていく。展望のよさを満喫しているうちに、**竜ヶ馬場❷**と呼ばれるササの斜面に出る。右に休憩に適した広場が現れる。テーブルが5台ほどあるのでしばし休憩しよう。

　ここからさらに進むと、やがて木道や階段状の道を登るようになる。この先わずかな時間で**丹沢山❸**に到着する。ここは樹木に囲まれて、大きな眺望は得られないが、広々としていて、休憩するのにはぴったり。塔ノ岳を出発した後に立つ最初のピークに、少しばかり感動する。

　ここ丹沢山にはみやま山荘が建っている。ここで宿泊するのも一案だが、主脈を1泊で歩くなら翌日の行程も考えて、この先の蛭ヶ

水場　ヤビツ峠から歩き始めて表尾根に取り付く手前に護摩屋敷の水、塔ノ岳山頂、不動ノ峰手前・臼ヶ岳先ある。

トイレ　ヤビツ峠、三ノ塔、尊仏山荘、みやま山荘、青ヶ岳山荘、西丹沢ビジターセンターに設置されている。

●問合せ先
秦野市役所観光振興課 ☎0463-82-9648
山北町役場商工観光課 ☎0465-75-3646
神奈川中央交通バス秦野営業所 ☎0463-81-1803
尊仏山荘 ☎070-2796−5270
みやま山荘 ☎090-2624-7229
蛭ヶ岳山荘 ☎090-2252-3203
青ヶ岳山荘 ☎090-5438-2574（ショートメール希望）

Ⓐ開けた蛭ヶ岳の山頂

⑩ゴーラ沢出合

⑨展望園地

畦ヶ丸や富士山が見える

ツツジコース登山口

⑪西丹沢ビジターセンターバス停

山北町

Ⓑ青ヶ岳山荘

石棚山
▲1351

石棚山稜

檜洞丸⑧

青ヶ岳山荘
（写真Ⓑ）

金山谷乗越⑦

神ノ川側が崩れている。
木道と階段で通過する

同角ノ頭
▲1491

同角山稜

4

5

6

7

④塔ノ岳山頂。休日には
ベンチが混雑する。⑤気
持ちのいい尾根道。まる
で公園を歩いているような
気分になる。⑥穏やかな
主脈の縦走路。⑦広場の
ような丹沢山山頂。右が
みやま山荘

岳山荘まで足をのばしたい。広い山頂でしば
らく休憩した後、右に分岐する丹沢三峰尾根
へのコースを分け、左の道が蛭ヶ岳へと続い
ている。

翌日の行程を考え
宿泊は蛭ヶ岳山荘で

　丹沢山からは一気に下る。階段や木道歩き
がほとんどだ。下りきった早戸川乗越の鞍部
からササ原を登り返して進むと、左手に不動
ノ峰休憩所がある。簡素な造りだが、直射日
光が厳しいときや悪天候の際にはありがたい
存在だ。この先に水場もあるが、期待しすぎ
ないこと。

　不動ノ峰休憩所から少し登ると**不動ノ峰④**。

蛭ヶ岳まで残りは1.9kmで、正面には山頂が
見える。階段を下って登り返す。さらに軽く
上下して進むと鬼ヶ岩ノ頭に着く。蛭ヶ岳ま
ではおよそ900m。ふたつの岩の間をクサリ
を頼って下るのだが、くれぐれも慎重に。必
ず三点支持の姿勢を保って、クサリは軽く手
に持つだけにすること。ここを通り過ぎれば、
中ノ沢乗越の鞍部に出る。さらにここから樹
林帯のなかに延びる階段を登れば**蛭ヶ岳⑤**山
頂に到着する。

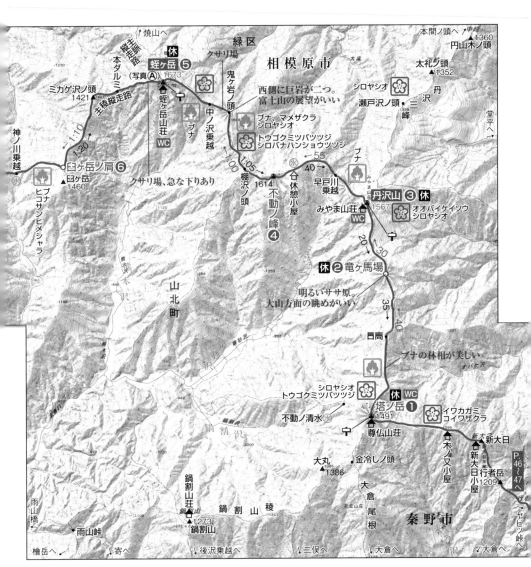

相模原市

緑区

クサリ場

鬼岩ノ頭

本間ノ頭へ

円山木ノ頭
△1360

太礼ノ頭
▲1352

シロヤシオ

瀬戸沢ノ頭

三峰

堂平へ

西側に巨岩が二つ。
富士山の展望がいい

ブナ、マメザクラ
シロヤシオ

トウゴクミツバツツジ
シロバナハンショウツツジ

焼山へ

主稜縦走路

本ダルミ

休 蛭ヶ岳 ⑤
1673
(写真Ａ)

蛭ヶ岳山荘
WC

ミカゲ沢ノ頭
1421

主稜縦走路

神ノ川乗越

臼ヶ岳ノ肩 ⑥
臼ヶ岳
1460

ブナ
ヒコサンヒメシャラ

クサリ場、急な下りあり

中ノ沢乗越

ブナ

棚沢ノ頭

1614

不動ノ峰 ④

合休憩小屋

早戸川乗越

ブナ

みやま山荘

丹沢山 ③ 休
1567
WC

オオバイケイソウ
シロヤシオ

明るいササ原。
大山方面の眺めがいい

休 ② 竜ヶ馬場

日高

ブナの林相が美しい

ナバケ沢

山北町

シロヤシオ
トウゴクミツバツツジ

不動ノ清水

休 WC

塔ノ岳 ①
1491

尊仏山荘

イワカガミ
コイワザクラ

大丸
▲1386

金冷シノ頭

木ノ又小屋

新大日
新大日小屋
1209

行者岳

P.46～47へ

ヤビツ峠へ

鍋割沢

鍋割山荘

鍋割山
1273

鍋割山稜

大倉尾根

秦野市

雨山橋

雨山峠

檜岳へ

寄へ

後沢乗越へ

三俣へ

大倉へ

大倉へ

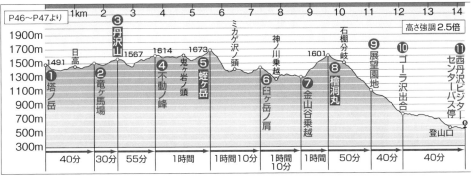

	1km	2	3	4	5	6	7	8	9	10	11	12	13	14

P46～P47より　　　高さ強調2.5倍

③丹沢山 1567　④1614　⑤1673　ミカゲ沢ノ頭　神ノ川乗越　1601　⑨展望園地　⑩ゴーラ沢出合　⑪西丹沢ビジターセンターバス停

①塔ノ岳　日高　②竜ヶ馬場　④不動ノ峰　鬼岩ノ頭　⑤蛭ヶ岳　⑥臼ヶ岳ノ肩　⑦金山谷乗越　石棚分岐　⑧檜洞丸　登山口

1900m 1700m 1500m 1491 1300m 1100m 900m 700m 500m 300m

40分　30分　55分　1時間　1時間10分　1時間10分　1時間　50分　40分　40分

55

不動ノ峰近くにある休憩舎。日差しを避けて休憩するのにいい

広い蛭ヶ岳山頂。蛭ヶ岳山荘にチェックインしたらここで休憩しよう

蛭ヶ岳の標高は1673mで、丹沢山塊の最高峰になる。それだけに展望のよさは折り紙付きでとくに西側と南側の眺望が素晴らしい。蛭ヶ岳山荘西側の広場が休憩ポイント。山荘に宿泊するなら、チェックインをした後にここで夕方まで過ごしたい。正面に見えるのが、明日山頂を踏むことになる檜洞丸。一方、東側には丹沢山や塔ノ岳など、歩いてきた稜線が見え、感慨もひとしおだ。

東丹沢と西丹沢の境を越えて歩く

蛭ヶ岳から西丹沢ビジターセンターのバス停に下り立つまでは約6時間の道のり。9時には出発したいところだ。蛭ヶ岳山荘西側の広場から下りにかかる。いきなり急下降が始まるので、ザックや靴紐などはスタート前にきちんと調整しておく。

ここからがコース屈指の難所ともいうべき、檜洞丸に向けた木道を下る。それが途切れると傾斜のきつい道を下り、さらにクサリの張られた斜面を下る。登山者の姿は塔ノ岳までの道よりはるかに少なく、渋滞することはまれだが、たとえ渋滞したとしてもここはとくに滑りやすいので、自分のペースを守って慎重に行動しよう。岩場をクサリ頼りに下り終えると、厳しかった蛭ヶ岳からの急下降の終点、本ダルミと呼ばれるヤセ尾根の鞍部に着く。木々の間から見上げると、蛭ヶ岳山頂がはるか上方に望める。想像をはるかに超える

鬼ヶ岩の下り

蛭ヶ岳山頂と蛭ヶ岳山荘が目の前に見える鬼ヶ岩上部。ここからの下りには注意が必要だ。一段下りた地点にクサリが垂らされている。岩の間を下るのだが、足を出す前にシミュレーションして下り方を考えておくこと。クサリは軽く持つだけで、三点支持の姿勢を崩さないこと。

蛭ヶ岳山頂までの登山道で最も緊張する箇所だが、難しくはない

蛭ヶ岳からの下り

蛭ヶ岳山頂から木道を歩き、その終点から勾配の強い岩混じりの急斜面を下ることになる。クサリとロープが並列した箇所ではロープを持って下ったほうが安全かもしれない。最初から最後まで三点支持の姿勢を保ちながら、焦らず自分のペースを守ることが最も重要だ。

蛭ヶ岳からの下り。焦らずに自分のペースを守ること

⑧鬼ヶ岩から蛭ヶ岳山頂を眺める。そこまでの登山道を歩く人の姿も確認できる。⑨蛭ヶ岳山荘。⑩クサリ、ロープが続く蛭ヶ岳からの下り。⑪下山口となる西丹沢ビジターセンター。⑫岩が転がるゴーラ沢出合。⑬明るい檜洞丸山頂

高さを目の当たりにすると、ここを下りきったことにある種の感動を覚えるだろう。

　この先は小刻みにアップダウンを繰り返す。ミカゲ沢ノ頭で大きく左に折れ、なおも進む。テーブルが2台置かれた**臼ヶ岳ノ肩⑥**、700mほど歩くと神ノ川乗越と進んでいく。この辺りまでが東丹沢、ここからが西丹沢になるようだ。神ノ川乗越から**金山谷乗越⑦**の間は鉄橋を渡ったり、階段を上下する。樹林帯を抜けると青ヶ岳山荘の前に出る。この上が**檜洞丸⑧**山頂。ここでしっかりと休憩をし、体力の回復を図ってから、最後の下山にかかるようにするといい。

　檜洞丸からは主稜縦走路と分かれ、左のツツジコースに進路をとる。植生保護のための木道を歩いて高度を下げていく。ブナなどの木々とツツジ類、林床のオオバイケイソウな

どが織りなす晩春から初夏にかけての景観はみごとだ。

　檜洞丸からは、登山者の数も増える。しかし、天気がよければ、自分のペースで気持ちよく歩けるはずだ。

　天気がよければ富士山や畦ヶ丸も望める**展望園地⑨**が、このコース最後の展望好適地。小休止をした後、ここからは、ブナの広がる森を**ゴーラ沢出合⑩**に向けてひたすら下る。広い河原に出て沢を渡り、小尾根を巻いていく。途中の桟道では足元に注意しよう。

　道なりに進むと、ほどなく中川川沿いの車道に出る。ここを左に進めばバスが発着する**西丹沢ビジターセンター⑪**はもう近い。主脈縦走路を歩ききった感慨に浸ろう。

11 | 西丹沢を代表する名山に登る

初・中級

ひのきぼらまる

檜洞丸

標高	1601m
歩行時間	7時間20分
最大標高差	1060m
体力度	★★☆
技術度	★☆☆

1/2.5万地形図	中川

登山適期とコースの魅力

	1月	2月	3月	4月	5月	6月	7月	8月	9月	10月	11月	12月
	積雪				シロヤシオツツジ						紅葉	
					トウゴクミツバツツジ							
					バイケイソウ							

展望　好天なら山頂の北端から富士山が見える。また、蛭ヶ岳から塔ノ岳にかけての眺めもいい。

花　新緑とブナの芽吹きは5月初旬頃。シロヤシオは5月中旬から見頃を迎える。

紅葉　ブナ、コナラが多い山だけに稜線や山頂一帯の紅葉は美しい。

春　オオバイケイソウの新芽は4月下旬、マメザクラやミヤマザクラは5月中旬頃開花する。

夏　シロヤシオやトウゴクミツバツツジは6月に入ると色づき始める。

秋　紅葉は10月中旬。ブナやカラマツが見事だ。

冬　積雪の多い山域。経験者以外は入山不可。

拠点となる西丹沢ビジターセンター

アクセス

新宿駅 → 小田急小田原線 快速急行 1時間15分 800円 → 新松田駅 → 富士急湘南バス 1時間10分 1210円 → 西丹沢ビジターセンター …… 7時間20分 …… 西丹沢ビジターセンター → 富士急湘南バス 1時間10分 1210円 → 新松田駅 → 小田急小田原線 快速急行 1時間15分 800円 → 新宿駅

新松田駅から西丹沢ビジターセンターまでのバス便は平日だと7時15分発、8時25分発の2本しか利用できない。

西丹沢ビジターセンターまでは1時間10分の乗車時間。下山時では西丹沢ビジターセンター発14時40分、15時40分、17時05分、19時00分。

マイカー　西丹沢ビジターセンター前に無料有。50台程度駐車できる。

コースガイド

展望園地は名称通り景勝の地だ

　西丹沢への表玄関となる、バス終点の**西丹沢ビジターセンター❶**には情報を確認できる施設がある。ここで登山道の状況を確認し、トイレを済ませてから出発しよう。

　センターを出たら左へ。用木沢方面へ500mほど登ると、檜洞丸への登山口でもある**つつじ新道入口❷**に着く。ここから大小の岩が転がり、歩きにくい道を進む。滑らないように注意しながら左へ急登すれば、勾配はすぐに落ち着く。所々に木橋が架かる道を歩く。

　歩き始めて20分ほどで南斜面に面した川沿いの道に出る。なだらかで意外に日当たりがいいが、夏場はたっぷりと汗を絞られそうだ。

　道が下り始めると**ゴーラ沢出合❸**に着く。ごろごろと転がった岩の間や上を歩いて小さな流れを渡る。以前は水量豊富な場所だったが、近年はそれほどでもないようだ。正面に見えるコンクリートの階段で少し休憩しよう。ここから本格的な登山になる。

　コンクリートの階段を登った先は、木の根と岩が混じった急な斜面を登るようになる。

💧 **水場**　西丹沢ビジターセンターに水道と清涼飲料水の自販機がある。できれば現地調達ではなく予め用意していこう。

🚻 **トイレ**　西丹沢ビジターセンター、青ヶ岳山荘（有料）、犬越路避難小屋にある。

●**問合せ先**

山北町商工観光課　☎0465-75-3646

富士急湘南バス本社営業所　☎0465-82-1361

西丹沢ビジターセンター　☎0465-78-3940

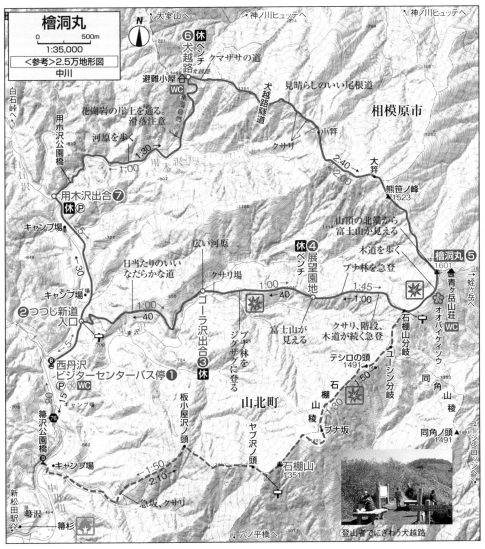

①檜洞丸から熊笹ノ峰に向かう途中の稜線から見た晩秋の富士山。当日は風もなく絶好の登山日だった。②西丹沢ビジターセンターから500mの地点にあるつつじ新道入口。③展望園地から先はクサリが張られた箇所も多い。事故が多いのでより慎重に。④ゴーラ沢出合。河原越しに見える鉄の階段を登る。⑤展望園地。ここから富士山が見えたら、きっといいことがあるはずだ

クサリは張られているが、できるだけ頼らずに登りたい。ここをクリアして急斜面の道をしばらく登るとブナの木が目立つ森に入る。

小さな岩の多い道になると木の根と岩が絡まっていて足をひっかけがちになる箇所も多い。ここを抜けると日当たりがよくなり、道も少しだけ安定する。檜洞丸まで2kmの道標から樹林帯の中を300mほど登ると、富士山の眺めに優れた**展望園地❹**に着く。テラス状の台地にベンチが1台あり、景色を堪能したいところだ。ここから急勾配が連続するので、体力の回復を図り、水分やエネルギーの補給も忘れずに。

山頂への道は
なかなか手強い

展望園地を出発すると、いきなり難所が現れる。斜面に無理やりつけられたような道で、足元が不安定だ。右手に手摺り代わりのクサリが張られているので、これを頼りに登る。この区間は少し長いが、気を抜かずに歩く。過去には重大事故が発生した場所でもある。

長いクサリ場を越えても安心はできない。勾配のある登りが連続し、土が流されて木の根が露出した箇所が続く。さらに岩が転がる細い道に入る。岩をよけ、土の部分に足を置くことだけを考えよう。目の前に急な階段が現れると一瞬ホッとする。この階段の先で少しだけ勾配のゆるい尾根道を歩く。

10段ほどのハシゴが現れると、再び勾配がきつくなる。ブナに囲まれた林だが、土が流され木の根が露出した箇所が多くなる。長いクサリが垂らされた斜面では、足元の石を蹴り落さないように注意しよう。その上のハシゴは三点支持の姿勢を保って登ること。三点支持とは、両手両足のうち3本で体を支え、残りの1本を動かして進む方法。これを連続して進む。その後に続くクサリ、ハシゴも、基本は三点支持の体勢でクリアする。

檜洞丸まで800mの道標が立つ所にあるベンチで少し休憩し、連続する木の階段登りをクリアする。右から登山道が合流したら、そこが石棚山稜分岐だ。

この先も階段登りが続く。展望が開け、勾

⑥石棚山分岐を過ぎると開放的な雰囲気が広がる。木道から外れないように注意しながらゆっくり登る。⑦檜洞丸山頂。明るく広い山頂で樹木が茂った季節以外は展望がいい。⑧檜洞丸から犬越路に向かっての下り出し地点。前方に西丹沢の山並みが広がる。⑨用木沢橋。ここを過ぎれば舗装された道を西丹沢ビジターセンターまで歩く

配が落ち着き、木道を歩くようになる。大きなブナの木が目立つようになり、山頂に向けて最後の登り。足元の木の階段を登りきれば**檜洞丸❺**の山頂に到着する。

　山頂は広く、休憩ポイントには困らない。蛭ヶ岳方面や表尾根の眺めは素晴らしく、下山路として使う犬越路への取りつき点からの富士山の姿もいい。

怖さを感じさせるほどの 急勾配を慎重に下る

　山頂から、犬越路への注意が書かれた看板前を通って犬越路3.6kmの道標の立つ地点に下り立つ。この先は一気に高度を下げることになる。遮るものがないため、まともに風を受ける急勾配の稜線につけられた階段を一気に下る。この下りが怖いようなら、迷わず山頂から往路を戻ろう。

　左に富士山や箱根、西丹沢の山並みが眺められる好展望の場所だが、景色に気をとられていると滑落の危険があるので慎重に。左斜面が開放的な細い尾根道をアップダウンするようになる。樹林帯の中やクサリが張られた箇所などがあるが、とりたてて危険はない。

樹木に囲まれた小さなピークを越えると、左側のフェンスに沿って歩く。まもなくベンチがある神ノ川への分岐点。ここで休憩した後さらに下れば、やがて勾配はゆるやかになり、**犬越路❻**に到着する。

　避難小屋の建つ犬越路で休憩したら、用木沢出合に向けて樹林帯を下降する。勾配のきつい箇所もあるので慎重に。**用木沢出合❼**からは車道を歩いて出発点の西丹沢ビジターセンターへ戻る。

> ### 犬越路
>
> 檜洞丸からの下山途中で寄る犬越路（いぬこえじ）は、大室山の登山口や神ノ川ヒュッテに向かう分岐点になっている。トイレが完備され避難小屋が建つ峠だ。戦国時代に武田信玄が北条氏康を攻める際に、犬を先導させて越えた峠ということから犬越路と呼ばれるようになったらしい。
>
>
>
>
> アップダウンのある尾根道が犬越路まで続くが、道はしっかりしているので歩いていて楽しいと思うはずだ

12 神奈川、山梨県境の深い原生林を歩く

初・中級

大室山〜加入道山
（おおむろやま　かにゅうどうやま）

標高	1587m(大室山)
歩行時間	7時間5分
最大標高差	1047m
体力度	★★☆
技術度	★★☆

1/2.5万地形図 中川、大室山

登山適期とコースの魅力

1月	2月	3月	4月	5月	6月	7月	8月	9月	10月	11月	12月

積雪
トウゴクミツバツツジ
シロヤシオツツジ
ヤマトリカブト
紅葉

展望 犬越路は峠で檜洞丸、神ノ川ヒュッテ、大室山に向かう道が交差し日当たりに恵まれている。
花 新緑は5月初旬〜中旬。ブナの芽吹きのこの頃。シロヤシオは5月中旬〜6月上旬頃。
紅葉 派手ではないが、斜面が黄色に染まるブナの葉が美しい。

春 青々とした新緑が楽しめるのが5月上旬頃。中旬になるとツツジの花が観賞できる。
夏 樹木に覆われ盛夏は暑い。しかし、ヤマトリカブトの花は8月中旬くらいから咲く。
秋 黄色に染まるブナの葉がきれい。
冬 積雪がなければ登山可能。

西丹沢ビジターセンターの大型駐車場

アクセス

新宿駅 → 小田急小田原線 快速急行 1時間15分 800円 → 新松田駅 → 富士急湘南バス 1時間10分 1210円 → 西丹沢ビジターセンター → 7時間5分 → 西丹沢ビジターセンター → 富士急湘南バス 1時間10分 1210円 → 新松田駅 → 小田急小田原線 快速急行 1時間15分 800円 → 新宿駅

新松田駅から西丹沢ビジターセンターまでのバス便は平日だと7時15分発、8時25分発の2本しか利用できない。

西丹沢ビジターセンターまでは1時間10分の乗車時間。下山時では西丹沢ビジターセンター発14時40分、15時40

分、17時05分、19時00分。
マイカー 西丹沢ビジターセンター前に無料駐車場有。50台程度駐車できる。

コースガイド

用木沢出合から本格的な登山が始まる

西丹沢ビジターセンター❶から歩き始める。用木沢方面に進むと、ほどなく右手に檜洞丸への道を分ける。ここを直進し、いくつかあるキャンプ場を通りすぎる。周りの山が色づくころだと、歩くだけで楽しい道だ。やがてベンチのある**用木沢出合❷**に着く。

まだそれほど時間が経っているわけでもなく、休憩するほどではない。ザックのゆるみを確認し、靴ひもをきちんと締めなおして出発する。

ここを右手に進む。すぐに青い橋を渡る。用木沢公園橋だ。用木沢を詰めるように、左右に渡り返しながら登っていく。水量は多く

はないので、濡れるようなことはない。その後、大小の石が転がる道から樹林帯を登っていく道に変わる。途中、斜面が切れ落ちた所につけられた道には、手摺り代わりのクサリが張られているが、危険はない。きつい勾配の箇所では焦らずに、また滑らないように注意しながら歩こう。やがて、トイレも併設された避難小屋の建つ広場に出る。**犬越路❸**だ。

ここは十字路になっている山中の要衝。左

鉄製の用木沢公園橋。増水時でも問題ない

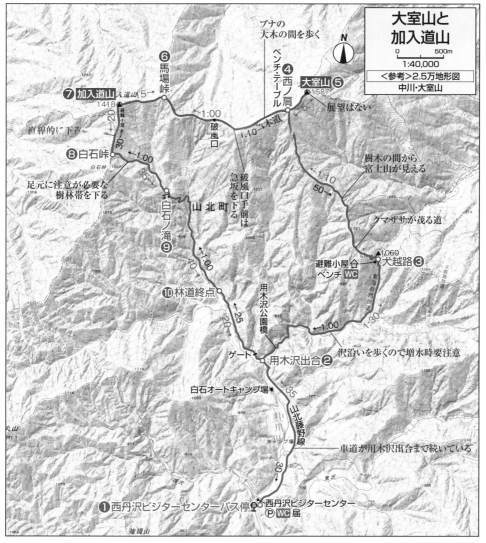

①大室山山頂稜線からの展望。深い山岳風景が広がる。②日当たりのいい犬越路。ここは4本の道が交差する峠。避難小屋が建つ。③平坦な大室山山頂。意外に登山者は少ない

へ進めばこれから登る大室山への道。北に下れば日蔭沢。東に延びるのは、檜洞丸へと通じる道だ。テーブルとベンチが置かれているので、しっかりと休憩をして、体力を回復させてから出発したい。

大室山に加入道山
いずれも展望には恵まれない

避難小屋の前から急坂に取りつく。いきなりの急勾配なので、びっくりするだろうが、一歩一歩進めば、ほどなく平坦な場所に出る。左の木々の間から姿を見せてくれる富士山は、厳しい登りの後だけに、ひときわ美しく見える。ところが、ササが茂る道にさしかかると再び勾配はきつくなる。我慢して、立ち休みを繰り返して登っていくと、トリカブトの群生が見られるようになる。ほどなく、大きなテーブルが目印の**西ノ肩❹**に到着する。ここから右へ5分ほど水平歩行すれば、**大室山❺**の山頂だ。樹木に囲まれて展望も楽しめないので、ブナに囲まれて森閑としている西ノ肩に戻ってランチタイムにするといいだろう。

ここからは大室山と反対に西へと進路をとる。ブナの林が美しい尾根道を歩いていく。大きな木にさまざまなキノコが寄生していて、ちょっと不気味ささえ感じさせる道だ。ブナの木の間を縫うような平坦な歩きから一転し

て下ると、破風口といわれる鞍部。細く両側が切れていて、転倒や滑落に注意したい所だ。ここを過ぎて木の階段を登り返す。10分ほどでなだらかになり、ブナの木の間を縫うように進む。いったん長い木の階段を下り、ゆるい登りにさしかかると加入道山避難小屋まで300mの道標が現れると**馬場峠❻**、わずかに登れば**加入道山❼**の山頂に着く。

このピークも残念ながら展望には恵まれていない。一段下った所に避難小屋が建っているほか、テーブルが置かれている。静かで落ち着いた雰囲気で、時間の許す限りのんびりしたい。

樹林帯を白石峠に向けて下っていく。途中、右手に道志村へ下る道を分け、ここを直進すると5分ほどで**白石峠❽**。ここを左に折れ、樹木に囲まれた中に延びる急勾配の道をジグザグに下る。ここは崩落が続いていて、整備はされているものの初級者には厄介な下りになる。このため、初級者や体力に自信がない人は往路を戻ったほうが無難だ。

ここからの足場は悪い。気持ちを引き締めて下ろう。ただ、木にテープが巻かれている箇所が多くあるので、迷うことはない。

階段状の道を下る。高度が下がってくると、

④加入道山方面への道はアップダウンが激しいため階段や木道が設置されている。⑤加入道山山頂。傍らには加入道避難小屋が建つ。⑥加入道山から10分下った地点に道志への分岐がある。⑦用木沢に繋がる白石峠。⑧清涼感のある白石ノ滝

岩や倒木が目立つ涸沢のような場所を下るようになる。クサリが張られた場所も、無理なくクリアできるはずだ。

　枝に巻かれたテープを頼りに、転倒に注意しながら下る。長めの細い木橋で小さな流れを渡る。テーブルが2台置かれた場所まで下ればひと安心だ。さらにテープを頼りに進む。崩落地に架けられた木橋を過ぎて、伐採地に入っていく。しばらく進むと、きれいな滝が見えてくる。これが**白石ノ滝⑨**で、コース上に展望のいい場所がある。

　滝を見物したら、小さな木橋で流れを越える。傾斜が気にならなくなり、岩も目につかなくなれば、ほどなく**林道終点⑩**に下り立つ。用木沢出合までは1kmほどの地点で、ここからは舗装された林道歩きになる。それまでの

歩きにくさが嘘のような快適さ。振り返れば、稜線がはるか上に見える。そこを歩いてきた感慨もひとしおといったところだ。前方にゲートが見えてきたら、朝歩き始めた用木沢出合に着く。

　ここから西丹沢ビジターセンターへ戻る。

山中の避難小屋

紹介コースには犬越路避難小屋（トイレ有）と加入道避難小屋（トイレ無）のふたつがある。避難小屋は緊急時以外宿泊することはできないが、多くの登山者が休憩時に利用しているのが実情。休憩時に利用しても出発時にはごみを持ち帰るというマナーを必ず守ること。悪天候時には命を守ってくれる大切な存在だ。ルールに従って登山者全員で小屋を守っていくことが大切。このふたつの小屋についての問い合わせは神奈川県自然環境保全センター☎046-248-2546へ。

加入道避難小屋（左）と犬越路避難小屋の内部（右）。どちらも利用する時には汚さず、ゴミは持ち帰ること

💧 **水場**　西丹沢ビジターセンターに水道と清涼飲料水の自販機がある。できれば現地調達ではなく、あらかじめ用意していこう。

🚻 **トイレ**　西丹沢ビジターセンター、青ヶ岳山荘（有料）、犬越路避難小屋にある。

●**問合せ先**
山北町商工観光課 ☎0465-75-3646
富士急湘南バス本社営業所 ☎0465-82-1361
西丹沢ビジターセンター ☎0465-78-3940

13 アセビの花やブナの原生林が堪能できる隠れた名山

初・中級

畦ヶ丸
あぜがまる

標高	1292m(畦ヶ丸)
歩行時間	5時間25分
最大標高差	745m
体力度	★★☆
技術度	★★☆

1/2.5万地形図	中川

登山適期とコースの魅力

	1月	2月	3月	4月	5月	6月	7月	8月	9月	10月	11月	12月
		積雪		桜類		ツツジ類						紅葉
				アセビ						イワシャジン		

沢　飛び石伝いで沢を渡る箇所がある。基本的には危険はないが、靴が完全に没するようであれば増水している可能性があるので引き返すこと。
花　ツツジを尾根筋で観ることができる。開花期は5月下旬〜6月上旬。
紅葉　カエデやツツジ、ブナがきれいだ。

春 カエデやブナなどの新緑が眩しいくらいになる。アセビの花も咲く。
夏 初夏には尾根道にはツツジが咲き登山道が明るくなる。水の多い山だけに清涼感も味わえる。
秋 イワシャジンの花や紅葉が登山道を染める。
冬 沢筋や登山道が凍結することがある。

コース上には2軒の避難小屋がある

アクセス

新宿駅 → 小田急小田原線 快速急行 1時間15分 800円 → 新松田駅 → 富士急湘南バス 1時間10分 1210円 → 西丹沢ビジターセンター → 5時間25分 → 大滝橋バス停 → 富士急湘南バス 1時間2分 1130円 → 新松田駅 → 小田急小田原線 快速急行 1時間15分 800円 → 新宿駅

首都圏から西丹沢までのアクセスには時間がかかる。そのため、なるべく朝早い時間に新松田駅に到着していたい。

事前に自宅から新松田駅に最も早く行ける電車と接続を調べておくようにしたい。
マイカー 西丹沢ビジターセン

ターに駐車場がある。下山口の大滝バス停から、西丹沢ビジターセンターまで歩いても40分ほど。

コースガイド

靴が完全に水没するなら引き返せのサイン

　西丹沢ビジターセンター❶から、檜洞丸や大室山を目指す人たちとはお別れ。建物裏手にある西丹沢公園橋を渡って、小さな林を抜ける。正面に見える堰堤の左端を目指して進む。階段を登って堰堤の上に立ったら、階段を下りて広い河原を歩く。小さな木橋が見えたら、ここで流れを渡る。その後、何度も小さな木橋を渡ることになる。方向を見失いそうになるが、道順はしっかりしているので、忠実にたどって進む。

　飛び石伝いに沢を横断する場所もあるが、そうした場所では、できるだけ濡れていない石、水面から出て乾いた部分に足を置くよう

にしよう。そうした石がない場合、水面に出た濡れた石には足を置かないこと。流れの中にある石のほうが滑りにくい。ただし、苔が生えている石に乗るのは危険だ。流れの深さを目測して、靴が完全には水没しない場所を見定めよう。本来、登山道はさまざまな実証を踏まえて造られているため、歩けそうな場所がないようなら、増水している危険もある。徒渉できる所がないときは、引き返したほうが無難だ。

1 2
①スタートは西丹沢ビジターセンターからになる。準備体操を忘れないこと。②広い河原を歩く箇所もある

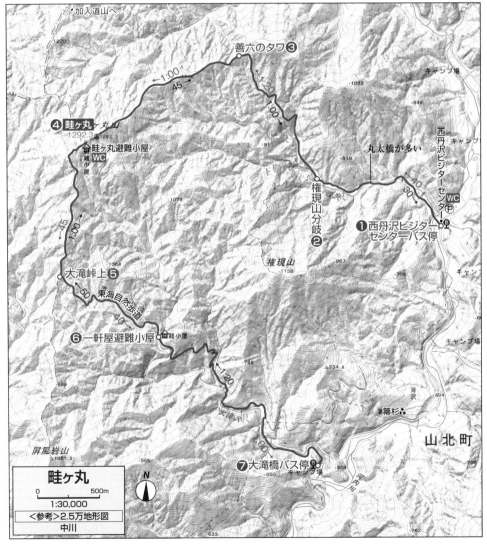

③高度が上がってくると完全な山道になる。木々の葉が落ちた頃だと太陽の恵みをたっぷり受けることができる。④少し傾いた木橋。手摺りなどはないので一人ずつゆっくり渡る。⑤畦ヶ丸避難小屋内部。出発時にはゴミを残さない。⑥一軒屋避難小屋。翌日はゆっくり出発してもバスに乗り遅れることはない。⑦飛び石伝いに歩く。⑧木橋が連続。バランスを取って歩く

沢の渡り口や渡った先には畦ヶ丸の道標があり、それに従う。沢を渡り返しながら堰堤をいくつか越える。山道に入ることもあるが、すぐに河原に出る。三つ目の堰堤脇にクサリがあるが、頼らなくてもクリアできる。最初に出合うベンチで休憩しよう。出発地点から1.3kmの**権現山分岐❷**だ。

沢の渡り方

畦ヶ丸では沢を歩く箇所がある。基本的には西丹沢エリアに雨が続いた直後には入山しないことが基本となるが、晴天続きでも沢は存在している。そうした時の歩き方は、濡れた岩や石の上に足を置かないこと。滑って転倒することがあるからだ。乾いた岩や石があればその上に足を置けばいいのだが、そうした場所がない時は小石（大きな岩の表面は滑る）が堆積した流れの中に靴を入れたほうが安全な場合がある。靴は濡れてしまうが転倒する確率は減る。

初級者はこのルートで流れのある道を横断する訓練をするといい

登山道は
変化に富んでいる

休憩後、動物避けの金網沿いに歩く。すぐにそれまでのように小さな木橋で渡るようになるが、危険はない。下棚の分岐を左に行くと落差40m、本棚沢出合の分岐を左に行けば落差70mの滝が、それぞれ出迎えてくれる。本棚沢出合を過ぎてしばらく歩けば山道になる。斜面を登って高度を稼ぐ。西沢出合2.2kmの道標が立つ地点にベンチがあるので、休憩していこう。土の流失止めの階段を登る。途中にあるクサリ場は頼らずに登れる。

小さな涸沢に下りた後、ジグザグに登り返し、細い尾根道を進む。砂地の道を下れば**善六のタワ❸**。細い鞍部だ。

善六のタワから山頂までは1.7kmほど。木の根が露出した道を登っていく。ブナの木が目立つ。10分ほどでベンチのある小さな台地に乗る。正面に見える手摺り代わりのクサリが張られたハシゴを登って細い尾根道を進む。

正面にこんもりとした山頂が見えてくる。目の前の長い階段を登った後、軽いアップダ

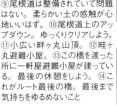

⑨尾根道は整備されていて問題
はない。柔らかい土の感触が心
地いいはず。⑩尾根道上のアッ
プダウン。ゆっくりクリアしよう。
⑪小広い畔ヶ丸山頂。⑫畔ヶ
丸避難小屋。⑬この橋を渡った
所に一軒屋避難小屋が建ってい
る。最後の休憩をしよう。⑭こ
れがルート最後の橋。最後まで
気持ちをゆるめないこと

ウンを繰り返すと、畔ヶ丸避難小屋まで200
mの道標がある。ブナ林を進めば**畔ヶ丸❹**の
山頂。ベンチが1台置かれ、静かで、展望は
ない。わずか先には畔ヶ丸避難小屋がある。

山頂よりも避難小屋の前のほうが広いので、
休憩に向いている。ランチを楽しんだら下山
にかかる。

さらに進んで 大滝峠上方面へ

下山は大滝峠上の道標に従って尾根道を下
る。階段状に整備された道から平坦に近くな
り、再び長い階段を下る。平坦に近い道では
柔らかい土の感触が心地よく、快適に歩ける。
ゆっくり歩いても15分ほどで、テーブルが

💧 **水場** 沢などの流れの多い山域だが、煮沸せ
ず安全に使える流れは把握されていない。そ
のため事前に用意することが必要。

🚻 **トイレ** 西丹沢ビジターセンター、畔ヶ丸避
難小屋にある。

●**問合せ先**
山北町役場商工観光課 ☎0465-75-3646
富士急湘南バス本社営業所 ☎0465-82-1361

置かれた**大滝峠上❺**に下り立てる。

ここで少し休憩したら、斜面を大きくジグ
ザグに下る。急下降ではないので、安心だ。
大滝橋まで3.9kmの地点を過ぎると、水音が
響いてくる。黄色の道標の所で小さな流れを
渡り、ここからしばらくは沢沿いに進んでい
く。木に巻かれたテープを頼りにするといい。

大滝橋3.7kmの道標の地点で飛び石伝いに
沢を渡る。その後も何度か小さな流れを渡る
が、危険はない。遊歩道のように歩きやすい
道だ。

進行方向右の木橋を渡って、すぐに左へ渡
り返した地点に**一軒屋避難小屋❻**がある。傍
らに流れる沢が気持ちのいい場所だ。小屋前
にはテーブルが備えられているので、ここで
最後の休憩をしよう。

避難小屋から沢沿いを歩く。斜面が崩落し
たような箇所には橋が渡されているので安心
していい。しばらく沢沿いの道から離れ、大
滝橋1.8kmの道標地点から再び沢に沿って進
むようになるが、すぐに林道に行き当たる。
この林道をさらに進むと車道に出る。ここを
右へ行けば、すぐに**大滝橋バス停❼**に着く。

丹沢 畔ヶ丸

14 | 歩く人が少ない静かな尾根道を歩く

中級

標高	1292m
歩行時間	7時間25分
最大標高差	752m
体力度	★★☆
技術度	★★☆

とりのむねやま～あぜがまる
鳥ノ胸山～畔ヶ丸

1/2.5万地形図 | 都留・大室山・御正体山・中川

登山適期とコースの魅力

1月	2月	3月	4月	5月	6月	7月	8月	9月	10月	11月	12月

マメザクラ
ミツマタ
フタリシズカ
ヤマトリカブト
紅葉

展望 あまり展望に恵まれたコースではないが、鳥ノ胸山山頂は西側の展望がいい。
花 マメザクラやタチツボスミレ、アセビ、ミツバツツジなどが観察できる。
紅葉 稜線の紅葉がきれい。とくに畔ヶ丸周辺の紅葉は美しい。

春 カエデやブナなどの新緑が眩しいくらいになる。アセビの花も咲く。
夏 初夏には尾根道にはツツジが咲き登山道が明るくなる。盛夏は小さな虫に苦しめられることも。
秋 イワシャジンの花や紅葉が登山道を染める。
冬 沢筋や登山道が凍結することがある。

ゴール地点の西丹沢ビジターセンター

アクセス

新宿駅 — JR中央本線特急 1時間 2360円（特急あずさの始発は新宿駅発7時）→ 大月駅 — 富士急行河口湖行 15分 470円 → 都留市駅 — タクシー 約30分 約9000円 → 道の駅どうし … 7時間25分 … 西丹沢ビジターセンター — 富士急湘南バス 1時間10分 1210円 → 新松田駅 — 小田急小田原線快速急行 1時間15分 800円 → 新宿駅

西丹沢ビジターセンターから新松田駅までのバスは最終が19時発で、その前が17時05分発、さらにその前は15時40分発、14時40分発になる。最終に乗り遅れると下山手段がなくなるので要注意。このコースは歩く人が少ないので、グループで行動することをおすすめする。設定は中級者向きだが、経験者が同行していれば初級者でも歩ける。

緑濃い鳥ノ胸山から甲相国境尾根に乗る

　山梨県側から入山して神奈川県側に下山する。アクセスに少し難があるせいか、このコースを歩く人は少ない。しかし、それだけに新しい発見や経験したことのない思い出が増えるかもしれない。

　道の駅どうし①から道志川に架かる橋を渡って直進すると、左に鳥ノ胸山に向かう道が分岐している。ここに入り、道なりに進む。舗装された道から登山道に入る。野鳥の声が聞こえてくる道だ。木々の間から下には、民家が見えている。それだけ地元の人たちに守られ、大切にされているエリアだということがわかる。山頂手前は少し勾配の強い箇所も

鳥ノ胸山登山口。焦らずにのんびりした気分でスタートしよう

鳥ノ胸山は登り一辺倒の登山道。立ち休みを繰り返して進もう

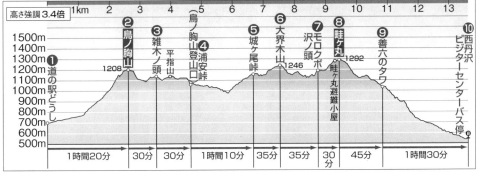

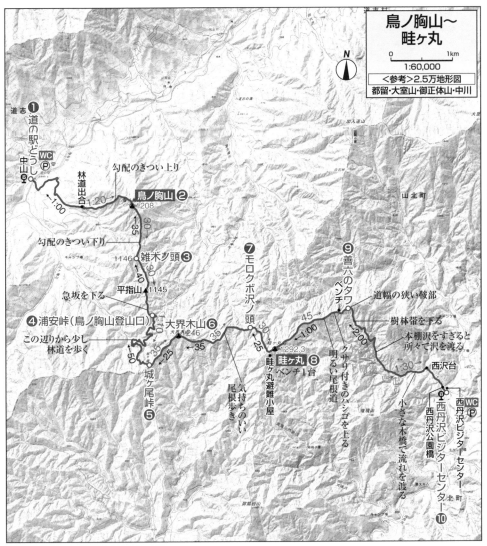

①鳥ノ胸山山頂。静かな場所で、他の登山者と遭遇することは滅多にない。②浦安峠。明るく広いので休憩してからスタート。③城ヶ尾峠。ここから縦走開始

あるが、たいした苦労もせずに**鳥ノ胸山❷**に到着。

　山梨百名山に選定されている鳥ノ胸山は木の根が露出した箇所が多い。土の流失が多いのだろうか。小広い山頂は樹木に覆われ、わずかに西側に展望があるだけだが、樹木のおかげで盛夏でも涼しく感じることができる。ひと休みしていこう。

　鳥ノ胸山から南へ進路を取る。木の根が露出して少し藪が濃いが、ルートを見失うようなことはない。**雑木ノ頭❸**を越えて下ると平指山に到着する。山頂標識はなく、木の幹に山頂名と標高が記されたテープが巻かれている。立ち休みをしたら、さらに下る。下り着いた所が**浦安峠❹**。ここで少し休憩。

　浦安峠から林道を下って行くと、道の駅どうしに向かう道に合流する。ここを左へ。登り勾配が強い道で、終点が縦走路の城ヶ尾峠に登る基点になる。このルートでは難所といえるかもしれない。ロープ伝いに足場の悪い斜面を登らなければならないが、落ち着いて呼吸のリズムで登れば問題はない。辿り着いた所が**城ヶ尾峠❺**だ。

　城ヶ尾峠では少し時間を取って休憩しよう。鳥ノ胸山からの下りと城ヶ尾峠までの登りでかなり疲労しているからだ。水分補給と同時にエネルギー補給も忘れないように。

菰釣山から続く県境の尾根道を歩く

　城ヶ尾峠の標高は1160m。ここから畦ヶ丸2.8kmの道標に従い尾根道を進む。ヤブに覆われた**大界木山❻**までは登ることになるが、山頂からモロクボ沢の頭までは軽いアップダウンを繰り返すようになる。とくに危険を感じるような箇所はないはずだ。忠実にルートをトレースすれば大丈夫。

　モロクボ沢ノ頭❼で県境の尾根道から外れて畦ヶ丸避難小屋へ向かう。30分ほどで避難小屋に到着する。ここから西丹沢ビジターセンター方面へ向かう。

　畦ヶ丸避難小屋からわずかに進めば**畦ヶ丸❽**山頂だが、休憩するのは山頂よりも避難小屋の前のほうがいい。畦ヶ丸山頂から登山道を進む。軽いアップダウンを繰り返すが、快適に歩を進めることができるはずだ。少し長い階段を下って細い道を進む。手摺り代わりのクサリが張られたハシゴをクリアするとベンチが置かれた小さな台地に着く。疲れを感じていたら、休憩していこう。

　ブナの木が目立つ道を下る。木の根が露出した箇所も多いので慎重に。こうした歩きが

善六のタワまで続いている。

善六のタワから西沢台まで
渓流に沿った道を歩く

　善六のタワ❾は道の両サイドが切れ落ちた道上にある、滑落注意の場所。畦ヶ丸まで1.7kmの道標が立っている。さらに細い道を登ると、土の流失を止めるために丸太が埋め込まれた箇所を通過する。その後は木の根が露出した少し勾配の強い斜面を下る。西沢出合の道標で右へ。傾斜地に造られた木の橋を渡る。その後、涸れた沢を横切るようにして何度かアップダウンを繰り返す。

　西沢出合2.2kmの道標が立つ地点にテーブルが置かれているので、ここで少し休憩していこう。その後は斜面を大きくジグザグして下ることになる。所々に土流失止め用の杭が打たれているので躓かないように注意しよう。西沢出合まで2kmの道標を過ぎると岩が転がる涸沢を進むようになる。大小の石や岩が転がる場所なので足元に注意したい。

　このエリアを抜けると本棚沢、下棚沢、西沢と流れのある沢沿いを下る。下棚沢出合を過ぎると広場に出る。休憩ポイントだ。小さな木橋で沢を渡り一時樹林帯に入るが、すぐに連続して小さな木橋を渡る。すれ違うことはできないので、登ってくる人とのタイミングを計ろう。

　さらに木橋を渡ったり石が転がる道を進む。林を抜けると広い河原に到着する。前方にコンクリートの階段が見える。西沢台堰堤を越

④小広い畦ヶ丸山頂。展望はない。⑤西沢台にかけての登山道は沢沿いのため、何度も流れを渡り返すことになる。⑥狭く両側が切れ落ちた箇所がある善六ノタワ付近の登山道。通行には細心の注意を払うこと

丹沢

鳥ノ胸山〜畦ヶ丸

える階段だ。ここを越えて堰堤沿いの道を下る。この先にも木橋で流れを越えなければならない箇所が続く。西丹沢ビジターセンターまで0.4kmの道標に出合ったら、その先で最後の木橋を渡ることになる。道なりで**西丹沢ビジターセンター❿**だ。

　💧 **水場**　コース上に水場はない。そのため、事前に用意することを忘れないように。道の駅どうしで水のペットボトルのほか簡単な食料を調達することができる。
　🚻 **トイレ**　スタート地点の道の駅どうし、畦ヶ丸避難小屋、西丹沢ビジターセンターにある。

●問合せ先
道志村産業振興課 ☎0554-52-2114
西丹沢ビジターセンター ☎0465-78-3940
富士急山梨ハイヤー ☎0554-43-2800

丹沢の哺乳類動物

丹沢には多くの哺乳類動物が生息している。ニホンジカやカモシカ、テン、キツネ、イノシシ、タヌキ、ハクビシン、アカネズミ、アナグナ、ニホンリス、ニホンザル、ニホンウサギ、テングコウモリ、ツキノワグマなどだ。なかでもニホンザルやニホンジカはよく眼にする。

鳥ノ胸山で一緒だったタヌキ。丹沢には野生動物が多数棲息する

15 西丹沢の端に屹立する富士山の展望に優れた山

中 級

こもつるしやま～とりのむねやま

菰釣山～鳥ノ胸山

標高	1379m
歩行時間	7時間50分
最大標高差	679m
体力度	★★☆
技術度	★★☆

| 1/2.5万地形図 | 都留・大室山・御正体山・中川 |

登山適期とコースの魅力

	1月	2月	3月	4月	5月	6月	7月	8月	9月	10月	11月	12月
				マメザクラ					ヤマトリカブト		紅葉	
			ミツマタ			フタリシズカ						

展望　山頂までは展望に優れた場所はないが、山頂から眺める富士山は美しい。

花　林道沿いではフサザクラやアセビが観察できる。

紅葉　菰釣山から城ヶ尾峠までの稜線が最も人気。この時期は多くの人とすれ違う。

🌸　新緑が美しい。林間ではアセビの花を観賞することもできる。

🌻　登山道の樹林が深く盛夏だと暑く感じる人も多いはず。水分は多めに持っていこう。

🍁　紅葉が最も美しいのは11月上旬。

❄　12月に入ると雪の降る日がある。

ブナ沢乗越の道標。道標の多い山域だ

アクセス

新宿駅 → 【JR中央本線特急】1時間 2,360円（特急あずさの始発は新宿駅発7時）→ 大月駅 → 【富士急行河口湖行】15分 470円 → 都留市駅 → 【タクシー】約30分 約9000円 → 道の駅どうし → 【7時間50分】 → 道の駅どうし → 【タクシー】約30分 約9000円 → 都留市駅 → 【富士急行大月行】15分470円 → 大月駅 → 【JR中央本線特急】1時間 2,360円 → 新宿駅

道の駅どうし（中山バス停）までのバス便は夕方しかないので、都留市駅からタクシーを利用する。乗車したタクシーに迎えの時間を伝えておくと安心だ。公共交通機関を利用する人の多くがこの方法を取っている。

マイカー　都留ICから県道24号線などを走行して道の駅どうしへ。ここに駐車して周回コースを歩く。

コースガイド 🥾 キャンプ場の脇を抜けて登山口まで行く

　スタート地点は**道の駅どうし❶**。この前に中山バス停があるが、バス便の本数が極端に少ないため、アクセスはマイカーが確実だ。水や軽食類ならここで入手できるので、店内を確認しトイレを利用したらスタートする。道志川に架かる橋を渡り、舗装道路を直進する。左に鳥ノ胸山に向かう道があるが、ここは下山時に歩く道なのでそのまま直進する。少し高度が上がると富士山が姿を現してくれるはず。そのまま進んで**つつみ橋❷**を渡る。ここで進路を左へ。右にキャンプ場が広がっている。この道は西山林道で、そのまま進む。左に大型のキャンプ場が見えてくる。早朝だ

①初夏の菰釣山山頂。テーブルが2台設置されている。②道の駅どうし。下山後にここでゆっくりしたい。③林道終点手前の水場。コップがある

④初冬の山頂。木が枯れて富士山が大きく見える。⑤林道終点。クサリを乗り越えて登山道に入る。⑥稜線までの道はピンクテープを頼りに登る。全体的に湿ったエリアなので、滑らないように注意したい

と炊事棟から朝食のおいしそうな匂いが漂ってくる。この辺りで道は未舗装になる。

　そのまま直進する。右側には民家が点在している。傍らには三ヶ瀬川が流れ、開放的な気分に浸ることができるはず。途中には水場があり、コップが置かれている。ここで給水するのもいいが、水量が極端に減ることもあるらしいので、やはり水は事前に用意しよう。道志の水源の森を過ぎると、**林道終点❸**を迎える。

　ここで菰釣山への道標に従うことになる。未舗装の道に入り10分ほど歩くと菰釣山登山口に到着する。左に道が延びているが、クサリが張られ立ち入り禁止になっている。直進して登山道に入る。

　登山道は少し暗い林のなかを歩くことになる。さらにどこを歩けばいいのか迷うような道だ。木の枝につけられたピンクテープを頼りにするしかない。方角がわからなくなったら、周囲を見回してピンクテープを探そう。少しずつ登り勾配が増してくるので、息が上がらない歩速で進もう。上方に稜線が見えてきたらブナ沢乗越は近い。立ち休みを繰り返しながら頑張ろう。

⑦城ヶ尾山。小広く開放的な山頂。ここでランチを広げよう。⑧城ヶ尾峠。十字路になった峠でここを左に下る。⑨城ヶ尾峠からの下り。斜面の細い道を下るが、危険はない

ブナ沢乗越から
菰釣山山頂をピストンする

　ブナ沢乗越❹からの稜線の道は歩きやすく30分程度で山頂まで行ける。途中に菰釣避難小屋があるが、山頂からの帰りに寄ってみることにしよう。たいした苦労もなく**菰釣山❺**山頂に到着する。テーブルが2台置かれただけの狭い山頂だが、展望は素晴らしいの一言。山中湖方面が見渡せるのだが、その上に大きな富士山の姿が確認できる。このビッグチャンスは、湿度が低い晴天日に訪れる。従って梅雨時や真夏にはきれいに見えないかもしれない。本来は厳冬期で乾燥した日が狙い目となるが、その季節に山頂まで登るには冬支度が必要だ。本書で掲載した富士山の写真は12月下旬に撮影したもの。道の駅どうしから山頂までは雪はなかった。この季節に登るなら事前に積雪状況などは確実に把握しておくようにしよう。

　たっぷりと富士山と対話したら、往路を菰釣避難小屋まで戻る。風が強い日とか寒い日などは山頂から早々に下山してここで休憩するといい。ただし、ゴミはすべて持ち帰ること。来た時よりもきれいにして帰るという山のマナーを守って利用させてもらおう。

　菰釣避難小屋からは城ヶ尾山を目指して、稜線を進む。緑がきれいな稜線だ。階段状の道をアップダウンしてわずかに水平歩行した所が**中ノ丸❻**。ブナの木が美しい場所だ。さらにアップダウンを繰り返し、前方が開けた地点が城ヶ尾山山頂だ。広くはないが、明るい草地の山頂は休憩するには最適な場所。天気のいい日なら昼寝したくなる。ここでコッフェルとバーナーをザックから取り出してインスタントラーメンを作ったり、道の駅どうしで購入した果物を食後に食べているグループを何度か見かけたことがある。こんな所で食べれば何でも美味しいはずだ。次の機会には自分たちもチャレンジしようと思う。

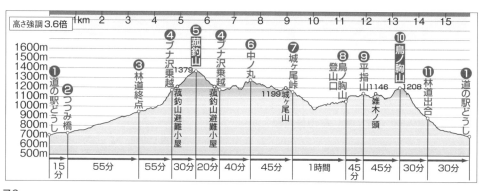

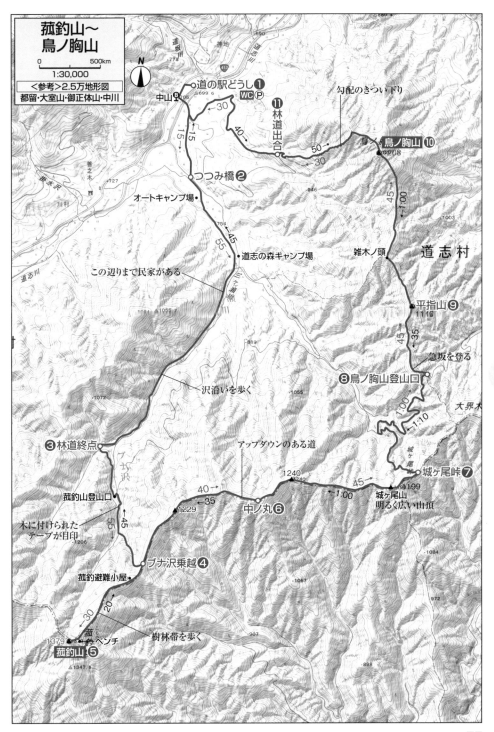

菰釣山〜
鳥ノ胸山

0 500km
1:30,000
<参考>2.5万地形図
都留・大室山・御正体山・中川

道の駅どうし❶
WC Ⓟ

中山Ⓢ

❶林道出合

勾配のきつい下り

鳥ノ胸山❿
1208

つつみ橋❷

オートキャンプ場

道志の森キャンプ場

この辺りまで民家がある

沢沿いを歩く

雑木ノ頭

道志村

平指山❾
1116

急坂を登る

❽鳥ノ胸山登山口

❸林道終点

菰釣山登山口

木に付けられた
テープが目印

アップダウンのある道

1240

城ヶ尾峠❼

城ヶ尾山
明るく広い山頂

中ノ丸❻

1229

ブナ沢乗越❹

菰釣避難小屋

樹林帯を歩く

1379
菰釣山❺
菰釣ベンチ
△1347.9

丹沢

菰釣山〜鳥ノ胸山

城ヶ尾峠から稜線を外れて
鳥ノ胸山を目指す

　城ヶ尾山山頂からわずかに進んだ地点が**城ヶ尾峠⑦**。十字路になっていて、畦ヶ丸や信玄平方面に行くことのできる重要な場所だ。ここで左に下る。

　狭く下り勾配の強い道だ。右側が切れている上に道幅が狭いので山側を歩くようにしたい。クサリの張られた箇所ではトレッキングポールは役に立たないのでザックにしまっておこう。道幅の狭さと急勾配、足元が不安定という三重苦の道だが、ゆっくり丁寧に下れば問題はない。

　ここをクリアすると林道に下り立つ。ひと息入れて右へ行く。未舗装で若干の登り勾配だが問題はない。道標のないのが不安かもし

れないが大丈夫。峠のような所で路面が白い砂に変わる。ここが**鳥ノ胸山登山口⑧**だ。登山口前が広場になっているので、ここで少し休憩する。水分補給を忘れないように。

　登山道に取りつく。最初は急登だが、次第に歩きやすくなる。わずかな時間で**平指山⑨**に着く。山頂標識はなく、木の幹に山頂の名前と標高が記されたテープが巻かれている。

　いったん下って木の根が露出した尾根道を登る。勾配が強いが、できるだけ根を踏まずに登る。どうしてもという時は根につかまるようにして登る。ロープが張られているが、使わずに三点確保の姿勢で登ったほうが安全だ。木にダメージも与えない。

　階段状の所は足裏の中央を木に置くようにする。そうすればぬかるんでいても滑ることはない。歩幅を短くするのがコツ。

　木の根が露出した箇所では少し遠回りになっても根を踏まないこと。なるべく土の部分を歩くようにすると体の疲れも少なくて済む。ポールは、ロープが張られた箇所では振られることがあるので使わないほうがいい。

　張り出した根がルート上にある場合、できるだけ木にインパクトを与えない方法でクリアすることを考えよう。こうしたことが実践できればどんな山にも挑戦できる。

　この少し厄介な部分を克服して着く場所が

💧 **水場**　道の駅どうしから歩き始めて林道終点の手前とブナ沢に取水できる箇所はあるが事前に用意していくのが鉄則。

🚻 **トイレ**　道の駅どうしにあるが、途中のキャンプ場のトイレは施設利用者に限られる。稜線の避難小屋にもトイレは併設されていない。

●問合せ先
道志村産業振興課　☎0554-52-2114
富士急山梨ハイヤー　☎0554-43-2800
道志の森キャンプ場　☎080-4444-2440
ラビットオートキャンプ場　☎080-1058-4554

 ⑩鳥ノ胸山登山口。登山口前は意外に開放的な場所。⑪鳥ノ胸山への登り。道標に従って登る。⑫小広い鳥ノ胸山。のんびりするのにいい山頂だ。⑬鳥ノ胸山の下山口。この先から舗装道を歩く。⑭鳥ノ胸山からの下山道。それほど傾斜は急ではない

鳥ノ胸山⑩山頂。山頂は小広く静か。わずかに西側に展望があるだけだが、木々を抜ける光と風が心地いい。ここから道の駅どうしまでは1時間ほど。時間の許す限りのんびりしていこう。

できるだけゆっくり下って 道の駅どうしに戻る

　鳥ノ胸山からは道の駅どうしに向けて尾根道を下り始める。最初は平坦だが、次第に下り勾配が強くなる。できるだけ、ゆっくり歩くことを心がけよう。途中にロープが張られた箇所がある。ここからさらに下り勾配が増すので筋力を使ってスピードをセーブすること。トレッキングポールを持っている人は多少長めに設定して使ってもいい。ただし、ポールに慣れていない人は逆に危険かもしれない。道の駅どうしの看板が立つ**林道⑪**に出たら、それを頼りにして進む。未舗装道路から舗装道路に入る。左上には菰釣山からの縦走路が見えている。そのまま道なりに進むと車道に出る。往路に歩いた道と合流したら右へ。すぐに道の駅どうしが見えてくる。車にザックを置いて、館内で十分休憩してから帰路につくといい。意識してはいなくても、体は相当疲れているはず。自宅に帰り着くまで楽しい思い出を大切にしたい。

●このルートで最も疲れるのが城ヶ尾峠から鳥ノ胸山までの行程。体力的にも技術的にもかなりの程度を要求されるため、体力度、技術度ともに★二つを付けている。とくにこの区間は初心者には少しばかり辛い行程のはずだが、こうした山を経験することによって引き出しが増える。それがいつか日本アルプスなどの難度の高い山域に挑戦する時にきっと役に立つはずだ。

　鳥ノ胸山までの行程で辛さよりも、むしろ楽しさを感じた人は、山の好きになる素養が十分に備わっていると判断できる。山登りを続けるかどうかを見極めるのには、もってこいのコースといっていいだろう。

菰釣避難小屋

菰釣山から15分ほど稜線を下った地点に建つ避難小屋。トイレはないが、休憩に利用する人が多い。とくに風が強い日などに逃げ込むことができるので便利だ。雨風がひどい時にはここから先には進まず、必ず往路を戻って下山しよう。

菰釣避難小屋の外観と内部。使用後はきれいに掃除しよう

16 かつてシダゴンという仙人が棲んでいた山といわれる

初 級

しだんごやま～みやじやま
シダンゴ山～宮地山

標高	758m
歩行時間	2時間30分
最大標高差	475m
体力度	★☆☆
技術度	★☆☆

1/2.5万地形図	秦野、山北

登山適期とコースの魅力

1月	2月	3月	4月	5月	6月	7月	8月	9月	10月	11月	12月

アセビ
タチツボスミレ
イチリンソウ
紅葉

展望　塔ノ岳や鍋割山など丹沢の主脈や相模湾方面、富士山が見える。
花　4月中旬くらいにはアセビが群生。登山道脇には茶畑が広がる。
橋　登山口手前の大寺橋の別名はメロディ橋。叩くと「お馬の親子」のメロディが流れる。

春　お茶の木は常緑樹のため常に緑色だが、春に訪れると緑が濃いように感じる。
夏　真夏は酷暑になることも多く登山向きではないが、何故か登山者は多い。
秋　山頂から丹沢主峰の紅葉が楽しめる。
冬　雪に覆われた丹沢主脈が眺められる。

登山口にはシカ避けのためのドアがある

アクセス

新宿駅 —(小田急小田原線 快速急行 1時間15分 800円)— 新松田駅 —(富士急湘南バス 25分 520円)— 寄バス停 ‥‥(2時間30分) ‥‥ 寄バス停 —(富士急湘南バス 25分 520円)— 新松田駅 —(小田急小田原線 快速急行 1時間15分 800円)— 新宿駅

小田急線新松田駅とJR新松田駅は隣同士だが、東京方面からだと小田急線を利用したほうが時間も料金も安い。寄に向かうバスは1時間に1本～2本程度しかないので事前に富士急湘南バスのホームページで必ず確認することを忘れないように。
マイカー　寄自然休養村管理センターに無料の駐車場がある。トイレと食堂も完備されている。

コースガイド　動物避けの扉は必ず閉めて出発しよう

　寄バス停❶から中津川に架かる大寺橋を渡ることからコースが始まる。この橋は別名メロディ橋といわれ、中央部分の欄干を順番に叩くと「お馬の親子」の曲が流れる仕掛けになっている。行きと帰りにそれぞれ渡る橋なので、話の種にもなり、いずれかで試してみたいところだ。

　この橋を渡ったら、集落の中を進む。最初の分岐を左に進めば宮地山。下山時にここに下ってくることになる。その後、右左折を繰り返すが、必ず道標があるのでそれに従えばいい。

　集落を抜けた所にあるのが大寺休憩所。ト

①欄干を順番に叩くと「お馬の親子」のメロディーが流れる大寺橋。大人も童心に戻ることができる。②人が住むエリアに近い山だけに林道のような登山道も多い

1
2

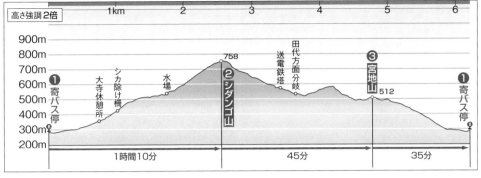

高さ強調2倍

1時間10分　　　45分　　　35分

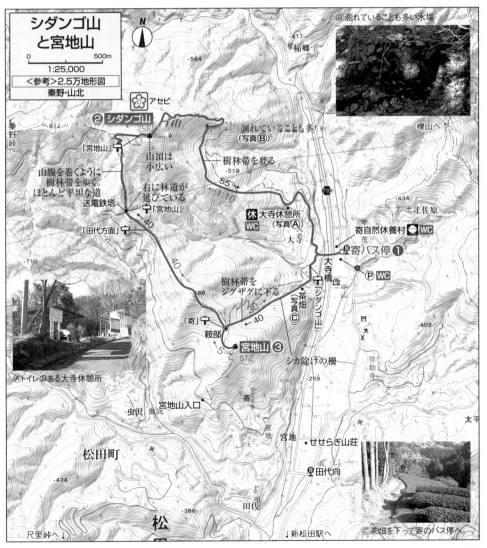

シダンゴ山
と宮地山

0　　　　　500m
1:25,000
<参考>2.5万地形図
秦野・山北

Ⓑ涸れていることも多い水場

Ⓐトイレのある大寺休憩所

Ⓒ茶畑を下って寄のバス停へ

③大寺休憩所。トイレが併設されている。④長い年月の間に木の根が露出した箇所も多い。踏まないように。⑤小広いシダンゴ山山頂。⑥宮地山に向かう道は広い箇所もある

イレがあるので利用し、身支度を整えてから再び歩き始める。ここから茶畑の中の急斜面を進む。コース屈指の勾配だが、自分のペースで登っていく。やがて、トタンでできた扉の前に出る。これは農作物を野生動物から守るためのもの。丹精込めて育てた実りを台無しにされてしまったら、相手が動物とはいえ負の感情が湧き出すのは生産者としては当たり前。登山者の不注意でそうした被害を受けることがないように、必ずきちんと閉めてから登山道を進むようにすること。

ここがシダンゴ山への登山口。この先、登山道は樹林帯に延びている。最初は少し急な勾配で先が思いやられるが、すぐに歩きやすくなるので心配はない。里山ののどかな雰囲気をのんびり楽しみながら歩こう。気持ちのいい歩きが終わるころ、左側に小さな水場が現れる。とはいえ、この水場は涸れていることが多いので頼るのは危険。水は必ず携行しよう。

ここを過ぎると直線的に登るようになる。

薄暗い樹林帯を過ぎ、いくらか明るくなるとまだ若い木々の間に入っていく。これを抜ければ**シダンゴ山❷**の山頂に着く。

山頂は平坦で小広い。中央には小さな祠と山名の由来が書かれた石碑が建っている。鍋割山の稜線から表尾根が見える。山頂の木々が葉を落とすころには、よりはっきり見えるはずだ。また西の方角には、富士山が恥ずかしがるかのように、少しだけ姿を見せてくれる。南側には松田町方面が見下ろせ、人々の営みを想像させてくれる。ゆっくりランチを楽しむにはもってこいの場所だ。

単なる広場といった風情の
宮地山山頂

シダンゴ山から秦野峠方面を目指す。樹林帯を下ると5分ほどで宮地山への分岐に出る。ここを左へ、山腹を巻くようにして歩く。鉄塔下を通過したら、田代方面の分岐で左に入

⑦シダンゴ山山頂。天気に恵まれれば日当たりと丹沢主脈の展望は約束できる。⑧宮地山山頂は樹木に囲まれた小さな広場になっている。⑨下山は畑の脇を下る箇所も多い

る。行き会う人も多くはない静かな道を、軽くアップダウンを繰り返しながら歩く。たいした苦労もなく、寄自然休養村へ下る道との分岐に着く。

　下山時に歩くことになるこの道を左に分けて、直進する。樹林帯の細い道を軽く登れば、標高519mの**宮地山❸**に到着する。ところが、期待とは裏腹に山頂らしい風情は皆無といっていいほどで、登り着いたといった達成感も湧き上がってこない。単に樹木に囲まれた広場といった雰囲気でしかない所。ただ草原状になっているので、多くの人が思い思いに休憩している。せっかくなら、いくらかでも明るい所を探すと、気分が晴れやかになるだろう。日の光を浴びて、昼寝を決めんでいる人もいる。はた目にも気持ちがよさそうだ。

　下山は先ほど通過した自然休養村へ下る道で。分岐からの下り始めは急坂だが、すぐに

勾配はゆるやかになるので安心だ。のんびりと、それでも確実に高度を下げていく。登山口にもあったような野生動物避けの柵を越えると茶畑の脇を下っていく。この辺りは日当たりに恵まれていて、冬でも汗ばむこともあるほど。真夏には遠慮したいコースだ。

　竹林にさしかかる辺りからは、道は舗装されている。その歩きやすさは疲れた足にも快適で、舗装のありがたさを実感できる。故郷に帰ったようなのどかな気持ちで道なりに進み、住宅街に下り着いたら、大寺橋は近い。橋を渡った先には寄のバス停がある。

シダンゴ山とは

シダンゴ山を漢字表記すると震旦郷山になる。震旦とは中国の旧異称。6世紀、欽明天皇の時代に仏教を伝えるためシダゴンという仙人がこの山に棲み、塔ノ岳山頂に棲む仙人と盛んに往来していたと言い伝えられている。このシダゴンは仏教の修行を積み重ねた人を意味し、その名が転じてシダンゴ山という名称になったと伝えられている。

シダンゴ山山頂に建つ山名由来の碑。地元の人たちの協力で建てられた

💧 **水場**　山頂の手前にあるが、涸れることもあるので寄自然休養村管理センターの水道で給水するか、乗り換え駅や新松田駅で購入すること。
🚻 **トイレ**　寄自然休養村管理センターと大寺休憩所にある。

●問合せ先
松田町観光協会 ☎0465-85-3130
富士急湘南バス新松田駅前案内所 ☎0465-82-1364
寄自然休養村管理センター ☎0465-89-2960

17 山北駅を基点にして周回する初級者向けの低山

初級

高松山
たかまつやま

標高	801m
歩行時間	5時間35分
最大標高差	695m
体力度	★★☆
技術度	★☆☆

1/2.5万地形図	山北

登山適期とコースの魅力

	1月	2月	3月	4月	5月	6月	7月	8月	9月	10月	11月	12月
積雪												
				タチツボスミレ、キケマン							紅葉	
			フデリンドウ									
				アズマギク								

展望　広い山頂からは相模湾や富士山が眺められる。登山道からは山麓の街並みも見える。
花　春にはミツマタやサクラ。初夏にかけてはタチツボスミレ、キケマンなどが咲く。
紅葉　スギやヒノキなどの針葉樹が多いため、きれいではないが、ケヤキやコナラが色づく。

春　3月〜4月には小さな野の花が咲く。
夏　樹林帯は暑く、登山には不向き。
秋　紅葉する木としない木があり、そのコントラストはきれいだ。ミカン畑の景色がいい。
冬　南面からアプローチするため、天気がよければ陽だまりハイクが楽しめる。

スタート、ゴール地点の山北駅

アクセス

新宿駅 → 小田急小田原線 快速急行 1時間15分 800円 → 新松田駅 → 5分 → 松田駅 → JR御殿場線 9分 190円 → 山北駅 → 5時間35分 → 山北駅 → JR御殿場線 9分 190円 → 松田駅 → 5分 → 新松田駅 → 小田急小田原線 快速急行 1時間15分 800円 → 新宿駅

東京方面から松田駅まではJRよりも、新宿駅から小田急線で新松田駅まで行き、松田駅まで歩いたほうが時間的にも料金的にも得。新松田駅から松田駅まではすぐ。松田駅から山北駅に向かうJR御殿場線は本数が少ないので事前に調べておくことが大切。登山向きの時間帯は平日休日ともに7時23分、8時5分、8時47分。乗車時間は9分。

コースガイド

 山北駅から石仏のある登山口へ

　山北駅からスタートする設定だが、新松田駅から富士急湘南バスを利用して高松山入口まで行く方法もある。山北駅から歩き始めるよりも往復で50分ほど時間が短縮できるが、バスの本数が少ないので事前に調べておこう。

　山北駅❶で下車したら、駅前に建つふるさと交流センター前の道を東に進む。交通量の多い県道76号線を行くよりものんびり歩くことができるからだ。郵便局の前を過ぎて左にガソリンスタンドが見えてくると県道76号線に合流する。ここで信号を渡り右へ。地酒の川西屋酒店を過ぎ、山北中学前を通ると高松山入口バス停❷に着く。

高松山山頂の夕暮れ。圧倒的な大きさで富士山が輝いていた

高松山への道標が目印になる高松山入口のバス停

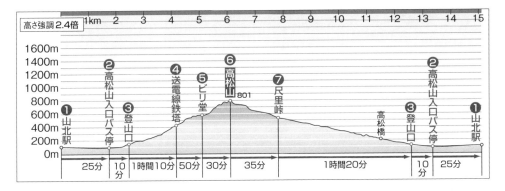

高さ強調 2.4倍

1km 2 3 4 5 6 7 8 9 10 11 12 13 14 15

1600m
1400m
1200m
1000m
800m
600m
400m
200m
0m

❶山北駅　❷高松山入口バス停　❸登山口　❹送電線鉄塔　❺ビリ堂　❻高松山 801　❼尺里峠　高松橋　❸登山口　❷高松山入口バス停　❶山北駅

25分　10分　1時間10分　50分　30分　35分　1時間20分　10分　25分

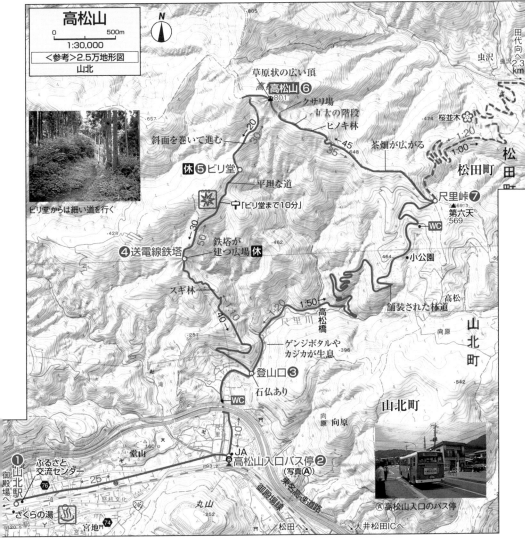

高松山

0　500m
1:30,000

＜参考＞2.5万地形図
山北

ビリ堂からは細い道を行く

草原状の広い頂
高 高松山 ❻ 801
クサリ場
古木の階段
ヒノキ林
斜面を巻いて進む
茶畑が広がる
.45
.35
.648
.657
.474 桜並木
.20
.30
1:20
1:00
松田町

休 ❺ビリ堂
平坦な道
✿「ビリ堂まで10分」
尺里峠 ❼
第六天 569
WC
小公園
.30
.50
.462 .464
.428
鉄塔が建つ広場 休
❹送電線鉄塔
スギ林
1:20　1:50
高松橋
舗装された林道
高松
山北町
.40　.10
.251
ゲンジボタルやカジカが生息
.396
.542
登山口 ❸
石仏あり
向原　向原
山北町
WC

❶山北駅
御殿場へ
ふるさと交流センター
.25
JA
高松山入口バス停 ❷（写真Ⓐ）
蛍山 .160
丸山 .252
さくらの湯
宮地
松田へ
大井松田ICへ
東名高速道路
御殿場線

Ⓐ 高松山入口のバス停

●高松山は市街地に近いが、周辺一帯は自然保護林に指定されているため、山深さが感じられる。田畑の間を歩く長い
林道から緑濃い林に入ると、丹沢の自然がたっぷり残っている。

85

①高松山山頂から眺める厳冬期の塔ノ岳。②石仏が安置された登山口。ここで少し休憩してから出発。③登り始めは勾配の強い道。ゆっくり登ること

ここの脇道を左へ行く。何度か道は分岐するが、必ず高松山の道標があるのでそれを頼りに進む。住宅街に延びる道は舗装されているので歩きやすい。尺里川(ひさり)に沿って登り勾配の道を進めば石仏が置かれた**高松山登山口❸**に着く。

少し勾配の強い
道をゆっくり登る

登山口前で息を整えたら左に延びる簡易舗装された道を登る。直線的に延びる道で勾配の強さが分かるが、ゆっくり登れば大丈夫だ。直線的な道が大きく右に折れてさらに登り続けると**送電線鉄塔❹**に着く。高松山登山口から1時間10分ほどの所で、小さな広場になっている。上空が開けて太陽の光が感じられる場所だ。後方には山北町の街並みが見えている。息が落ち着いたら、水分補給をして樹林帯の道を登る。若干小石混じりの箇所もあるが、概ね問題のない登山道だ。しかし、少し樹林帯が深く感じられ暑さを感じるかもしれない。とにかく息の上がらない歩速で立ち休みを繰り返して頑張ろう。

斜面を巻くようにして登る。踏み跡がくっきり残る道だ。極端に道幅の狭い箇所もあるので先行者の靴跡をトレースして行く。それ

ほど勾配は強くないので落ち着いて進もう。「ビリ堂まで10分」の道標を過ぎると勾配はゆるやかになり、緑の濃さが実感できるはずだ。森林浴気分を味わいながら行けば**ビリ堂❺**に到着。

ビリ堂は小さな広場になっていて、馬頭観音が2体安置されている。この「ビリ」という言葉は仏教用語などではなく、村の安全や五穀豊穣を祈って麓から順番に観音堂を立てていった際、最後の馬頭観音をここに安置したかららしい。つまり最後（ビリ）に立てたという意味のようだ。

高松山の山頂でゆっくりと
展望を楽しもう

ビリ堂でしばらく休憩したら、斜面を巻くようにして進む。静かな登山道だ。ビリ堂までのような急登や深い藪などはなく、ゆるやかな勾配の道になる。ただし、道幅はそれほど広くないので、すれ違いや追い越しには注意が必要。ビリ堂から山頂までは30分ほど。登山者が少ない時は自分のペースで歩くことができるはずだ。

高松山❻の山頂は草地で太陽の恩恵に溢れている。以前はベンチなどは設置されていなかったが、現在はお弁当を広げたり休憩する

のに多くの人が利用している。気に入った場所で展望とランチを楽しもう。富士山や丹沢主脈の眺めには定評があり、厳冬期でも多くの登山者が訪れている。冬山初心者におすすめの山のひとつだ。ただし、その季節に登るならソロではなくグループで挑戦しよう。また、季節を問わず晴天日なら帽子とサングラスは必需品といえる。

下山は尺里峠を経由して
山北駅に下山する

　高松山の山頂でたっぷり展望を楽しんだら下山にかかろう。階段状の道を下るのだが、左に手摺り代わりのクサリが張られている。頼らなくても危険はないが、怖いようなら軽く左手に持って進もう。

　この下山ルートは展望には恵まれないので、下ることに集中して歩くこと。広く気持ちのいい尾根道に入ると柔らかい土の感触が心地いいと思うはずだ。真弓ヶ丘という看板のある台地まで下る。ここは「マユミ」というニシキギ科の低木が群生するエリアのようだ。弓の材料として珍重されているらしい。

　少し休みたいと思う頃に丸太を利用したベンチが現れる。山桜が多いエリアで、木々の隙間から塔ノ岳方面が見えている。

　林道との合流地点まで下る。尺里峠だ。林道に腰を下ろして少し休憩。ここから舗装された道を5分ほど下ると道が分岐する。直進せずに右の道を選択。細かく左右に曲がりながら下ると高松橋を渡る。

　そのままゲンジボタルが生息するエリアを

④

⑤

⑥

④林道歩きが終わると濃い樹林帯を歩くようになる。道幅の狭い箇所が多い。⑤ビリ堂に安置された石仏。手を合わせていく登山者も多い。⑥道標は多いので迷い込むことは少ないが、見落とさないように注意しよう

抜ければ**高松山登山口❸**だ。ここから往路を下って**山北駅❶**に向かう。または、**高松山入口バス停❷**から新松田駅へ。山北駅に向かうなら、さくらの湯で汗を流してから帰路につくのもいい。

丹沢

高松山

立ち寄り ♨ **さくらの湯**

　山北駅南口前にある「山北町健康福祉センター」内にある日帰り入浴施設。北海道の二股温泉の石灰華原石を利用した人工温泉だ。主成分は炭酸カルシウム。大浴場や露天風呂などが完備されている。サウナもあるので利用したい。

入浴料：高校生以上2時間500円。営業時間：11時～21時（最終受付20時30分）　定休日：木曜（祝日の場合は翌日）
☎0465-75-0819。

ピンク色の幟が目を惹く施設。地元の人たちとの触れ合いが楽しい

💧 **水場**　コース上に水場はないので、事前に用意しておくこと。新松田駅前にコンビニがある。

🚻 **トイレ**　山北駅と登山口手前にあるが、山中にはない。
TOILET

●**問合せ先**
山北町役場商工観光課 ☎0465-75-3646
富士急湘南バス本社営業所 ☎0465-82-1361

18 関東の富士見100景に選定されている低山　初・中級

標高	722.8m
歩行時間	3時間40分
最大標高差	550m
体力度	★★☆
技術度	★☆☆

おおのやま
大野山

1/2.5万 地形図	山北

登山適期とコースの魅力

1月	2月	3月	4月	5月	6月	7月	8月	9月	10月	11月	12月
積雪											
			ヤマザクラ								
			ヤマブキ								
			オオイヌノフグリ								
										紅葉	

展望 山頂は平坦で広く、相模湾や西丹沢の山々のほか遮る物のない富士山の姿が印象に残る。
花 4月中旬から下旬にかけて山頂ではヤマザクラ、麓ではソメイヨシノが咲く。
紅葉 登山道は樹木が深く、赤や黄に染まった紅葉が満喫できる。山頂のススキも美しい。

春 4月～5月くらいの湿度の低い晴天日がいい。山頂から富士山や丹沢主脈が見える。
夏 南斜面は直射日光が当たり汗を絞られる。
秋 11月から冬季までの晩秋期もおすすめ。空気も乾燥し展望を得るチャンスが広がる。
冬 雪さえなければ登ることができる。

こぢんまりとした無人の谷峨駅

アクセス

| 新宿駅 | → 小田急小田原線 快速急行 1時間15分 800円 | 新松田駅 | → 5分 | 松田駅 | → JR御殿場線 13分 200円 | 谷峨駅 | → 3時間40分 | 大野山入口バス停 | → 富士急湘南バス 18分 420円 | 新松田駅 | → 小田急小田原線 快速急行 1時間15分 800円 | 新宿駅 |

御殿場線の本数は少なく、小田急線との連絡が必ずしもいいとはいえない。そのため事前に調べておくことが大切。

そうしないと時間をロスすることになる。松田駅から谷峨駅までの乗車時間は12～15分。休日の午前は6時20分、

6時50分、7時23分、8時5分、8時47分、9時27分、10時8分、10時33分、11時15分発のみ。マイカーは不向き。

歩き始めると富士山が顔を出してくれる

　スタート地点となる**谷峨駅①**は無人駅。可愛らしい駅舎にカメラのレンズを向ける人も多い。駅舎前が広いので、ストレッチをしてからスタート。駅前の道を進む。すぐに線路を渡る橋が右に見えてくる。ここを渡り、JR御殿場線の線路を越えたら田園地帯を進む。大野山への道標はしっかりしている。

　青い吊り橋を渡って舗装道路を進む。少しずつ登り勾配がついてくるが息が上がるほどではない。振り返ると富士山が見えているはずだ。しばらく進むと左に大野山ハイキングコースの登山口が現れるのでそこを左へ。

　細い登山道だが簡易舗装されているので歩

1 2
3 4

①谷峨駅から開放的な道を歩き始める。道標に従って歩けばいい。②青い鉄の橋を渡って舗装道路を進めば登山口。③都夫良野頼朝桜。④頼朝桜先の休憩舎。ここで右に登る

きやすい。すぐに土の道になる。ここを抜けると動物避けの金網が張られたエリアに入る。扉を開けて進むのだが、必ず閉めること。しばらく登ると、晴天なら富士山が見える。思

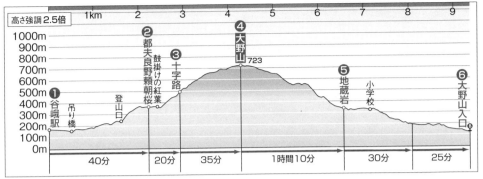

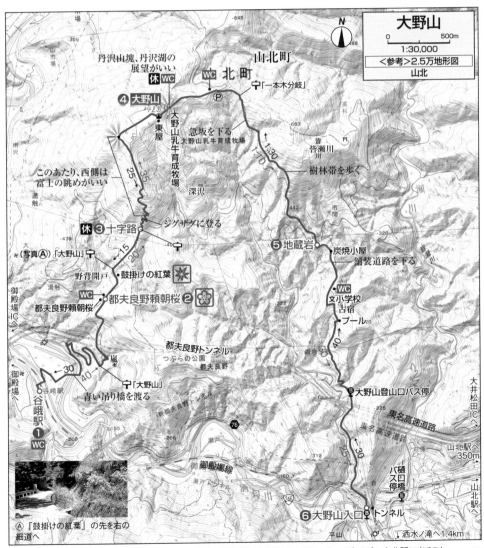

●下山後、樋口橋バス停前を直進して進み、御殿場線の線路を陸橋で越えてすぐ右へ入って歩けば、山北駅に出ること
ができる。樋口橋バス停から15分ほどの距離。山北～松田は御殿場線9分、190円。

5 6
7 8

⑤山頂手前の解放感に溢れた登山道。歩いているだけでも心が弾む。⑥草原状の山頂。後方に見えるのは丹沢主脈。⑦山頂からの下り始めは階段状の道。⑧下山道ははっきりしている

わず「富士山だ」と叫んでしまう人も多いはずだ。ここから樹林帯を軽くアップダウンしながら進む。木漏れ日が心地いい。大野山まで55分の道標を過ぎると簡易舗装された道になる。目の前に大きな木が見えたら、それが**都夫良野頼朝桜❷**。この先に休憩舎があるので少し休んでいこう。

この休憩舎の先で完全な山道になるが、勾配のある部分は階段状に整備されているので問題はないはず。階段状の道を抜けると舗装された林道（**十字路❸**）を横切る。再び動物避けの柵があるのでそこを抜けて登る。緑濃い樹林帯だが、その向こうに富士山が見えている。まるで富士山に励まされているようだ。息が上がったら立ち休みを繰り返して自分のペースで進もう。

正面に牧場の柵のような物が見えてきたら、広い大野山の山頂の端に乗ったことになる。柵沿いに進む。富士山と対面しながら歩ける開放的な道。15分ほどで**大野山❹**山頂に到着する。

富士山の展望を十分楽しんだら
山麓の集落に下る

大野山山頂は広く休憩する場所には困らない。富士山はもちろんだが、丹沢主脈の眺めも目の前に広がっている。トイレ、東屋、展望盤もあるので、気に入った場所に腰を下ろして時間の許す限りのんびりしよう。

下山は舗装された道を山北方面へわずかに下り、山北駅への道標に従う。階段状の道を一気に下るのだが、滑らないように注意したい箇所だ。また、ここでの追い抜きは止めておこう。スカイツリーと同じ高さの標高643m地点にウサギの木彫り彫刻が置かれていた。ここを過ぎてしばらく下ると、木漏れ日が心地いい樹林帯に入る。道幅はそれほど広くないので、注意しながら歩くこと。追い越しやすれ違い時には十分に注意が必要だ。

ブタの可愛らしい木彫りが置かれた地点が

大野山山頂。確実に晴れて湿度の低い日に登れば楽しさは倍増するはず

地蔵岩⑤で下山口になる。大野山ハイキングコース地蔵岩ルートの看板が立っている。ここでひと休みしよう。

　ここから山北駅の道標に従い舗装された道を下ることになる。それまでの登山道とは異なり、楽な気持ちで歩くことができるはずだ。そのまま開放的な道を下る。

　炭焼窯の前を通過すると山北駅まで50分の道標と出合う。さらに国指定の重要無形民俗文化財の看板の前を通る。さらにもりの駅くすの木、共和小学校前を通過すれば大野山登山口バス停（運休中）に出るが、そのまま

下って**大野山入口バス停⑥**から新松田駅まで富士急湘南バスを利用して新松田駅へ。ただし、本数は1日9〜18本程度なので、事前に発車時刻を調べておこう。また、**大野山入口バス停⑥**から山北駅まで歩いても20分程度。疲れていないようなら歩いてみるのもいい。

関東の富士見百景

関東の富士見百景は国土交通省が選定したもので、富士山への良好な眺望を得られる地点を選定し、周辺の景観保全や活用への支援を通じ、美しい地域造りの推進を目的としたもの。選定地から撮影した富士山の写真は随時募集している。詳しくは国土交通省関東地方整備局のホームページ参照。

写真は関東の富士見百景のひとつ大野山からのもので、湿度の低い5月の晴天日に撮影。

登山途中からでも大きな富士山が確認できる

💧 **水場**　コース上に上質な水場はない。事前に用意しておく必要がある。谷峨駅前に商店はない。必要な物は遅くとも新松田駅前で購入すること。

🚻 **トイレ**　谷峨駅前、都夫良野頼朝桜、大野山山頂にある。

●**問合せ先**
山北町役場商工観光課 ☎0465-75-3646
富士急湘南バス本社営業所 ☎0465-82-1361

19 丹沢山地隆起の断層を肉眼で確認できる山 初 級

標高	928m
歩行時間	5時間15分
最大標高差	636m
体力度	★★☆
技術度	★☆☆

1/2.5万地形図	駿河小山、山北

ふろうさん
不老山

登山適期とコースの魅力

1月	2月	3月	4月	5月	6月	7月	8月	9月	10月	11月	12月
積雪				アセビ						紅葉	
			スミレ		サンショウバラ			ヤマトリカブト			

展望 金時公園から登るコースは好天だと富士山の展望に恵まれる。
花 スミレやサンショウバラなどが5月下旬〜6月上旬にかけて順次開花する。
地質 下山路には小笠原諸島付近にあった現在の伊豆半島が本州と衝突した神縄断層がある。

春 木々が芽吹く春に登る人が多い山。まだ、薄い木々の葉の間から冬姿富士山が見える。
夏 5月〜6月が最もおすすめの季節。緑の濃さが自慢の山。7〜8月は汗をたっぷり絞られる。
秋 落葉樹林帯の紅葉は10月下旬〜11月中旬。
冬 雪がなければ登山可能。

駿河小山駅。後方に富士山が見えている

アクセス

| 新宿駅 | → | 小田急小田原線快速急行 1時間15分 800円 | 新松田駅 | ＝ | 5分 | 松田駅 | → | JR御殿場線 20分 240円 | 駿河小山駅 | → | 5時間15分 | 駿河小山駅 | → | JR御殿場線 20分 240円 | 松田駅 | ＝ | 5分 | 新松田駅 | → | 小田急小田原線快速急行 1時間15分 800円 | 新宿駅 |

不老山への登山道は何本かあるが、ここで紹介するルートが最も歩きやすい。オプションルートとして丹沢湖の南側、向河原バス停から山頂を目指すルートや三国山から明神山、湯船山、世附峠を経由して不老山に向かうコースがある。名称の由来は地元で斜面にある平地を「フロウ」というかららしい。
マイカー 駿河小山駅前に駐車場有。

コースガイド
 落ち着いた里山の雰囲気を存分に楽しむ

駿河小山駅①からスタートする。駅前の通りを進み、最初の信号で右折。線路をくぐって左へ進む。小山町健康福祉会館前からは大きな富士山を望める。

橋を渡って車道を進む。すぐに右側にある金時公園の看板に従って小道に入る。道なりに住宅地を進み、中野沢橋手前で鋭角に右に曲がる。そのまま直進すれば**金時公園②**だ。

公園の入口右側の簡易舗装の道を登ると、すぐに分岐がある。そこから山道を進む。遊歩道と書かれた道標を頼りに歩く。歩きやすい登りだ。左に展望台が見えたら、そこで不老山方面へ向かう。すぐに平坦な道になり、

①駿河小山駅からは正面に大きな富士山を眺めながら進むことになる。②境内が広い金時公園。トイレが利用できる

砂利道に変わると鉄塔が見えてくる。富士山の好展望地だ。

さらに進むと舗装路になり、不老山の道標が立つ所で鋭角に曲がる。そのままきれいな道をゆるやかに登る。鉄塔を過ぎると砂利道になり、変則的な十字路に出る。ここで、正面に延びる林道の右の道に入る。不老山まで1.7kmの道標が立っている所が**林道終点③**

登山道を詰めていく。右下には林道が延び

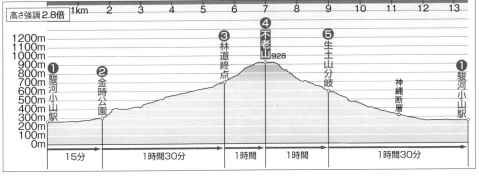

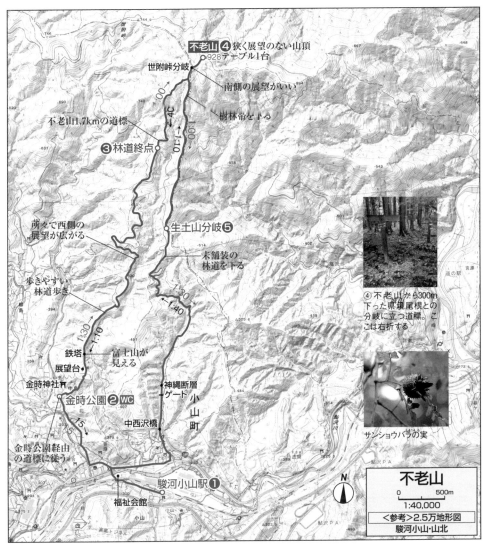

不老山❹ 狭く展望のない山頂
928 テーブル1台

世附峠分岐

南側の展望がいい

樹林常を♪る

不老山1.7kmの道標

❸ 林道終点

所々で西側の
展望が広がる

生土山分岐❺

未舗装の
林道を下る

④ 不老山から300m
下った県境尾根との
分岐に立つ道標。こ
こは右折する

歩きやすい
林道歩き

鉄塔
展望台・

富士山が
見える

金時神社

金時公園❷ WC

神縄断層
ゲート

小
山
町

中西沢橋

サンショウバラの実

金時公園軽由
の道標に従う

駿河小山駅❶

福祉会館

不老山

0   500m
1:40,000

<参考>2.5万地形図
駿河小山・山北

③金時公園から眺める富士山。とくにサクラの季節がおすすめ。④林道終点の広い分岐点。ここは直進する。⑤稜線上にある不老山山頂。ベンチでゆっくり休憩しよう。⑥樹林帯に延びる登山道を下る。春先が最もおすすめ

ているが、この道は登山者の通行が禁止されている。そのまま登ると、世附峠分岐点に出る。なだらかな道を進むとすぐに**不老山⑤**。

みごとな富士山の眺めを 眼にも心にも焼きつけて

山頂は静寂に包まれている。テーブルが1台あるだけだが、広いので休憩場所に困ることはない。光を浴びて昼寝したくなる。

下山は往路を途中まで戻る。世附峠分岐点からの富士山の展望のよさに驚かされる。ベンチに座って一服しよう。

世附峠分岐点から南へまっすぐ下る。気持ちのいい土の道だ。分岐を直進する。途中で林道のような道を横断するが、基本的にまっすぐ下るということを念頭に置いておけば

問題はない。樹林帯のなかを、木に巻かれたテープを目印にまっすぐ下る。

伐採地に出ると、前方が開けてさらに気分よく歩ける。ここからわずかに下れば**生土山分岐⑥**に出る。右にとると、すぐに生土不老山林道に下り立つ。未舗装だが、歩きやすい道だ。左に小さな滝を見て進む。途中で神縄断層を見学してさらに進み、ゲートをくぐれば住宅街に入る。中西沢橋を渡って車道に出る。ここを右に進めば駿河小山駅は近い。

 水場 紹介コース上に水場はない。事前に用意する必要がある。

トイレ 新松田駅、松田駅、駿河小山駅、金時公園に設置されている。

●問合せ先
山北町役場商工観光課 ☎0465-75-3646
小山町役場観光スポーツ交流課 ☎0550-76-6114
富士急湘南バス本社営業所 ☎0465-82-1361

神縄断層

正式には神縄・国府津-松田断層。伊豆半島衝突の現場ともいわれている。今から1500万年ほど前、伊豆半島は今の小笠原諸島辺りにあった島だった。それが少しずつ北上して100万年〜50万年前に本州と衝突。その後も北上を続け丹沢山地を隆起させた。一本のれき層を挟んでその事実を目にすることができる貴重な場所。

丹沢山塊が隆起した証を直接目にすることができる

箱根
【はこね】

金時山山頂から富士山

※2023年5月25日現在、火山活動の影響により、大涌谷噴煙地を中心とした半径約1km
の範囲は入山が規制されています。隣接するエリアへお出かけの際は、最新の状況を現地
へお問い合わせのうえ、安全を確認してからお出かけください。

エリアマップ
箱根
0　1:100,000　2km

96

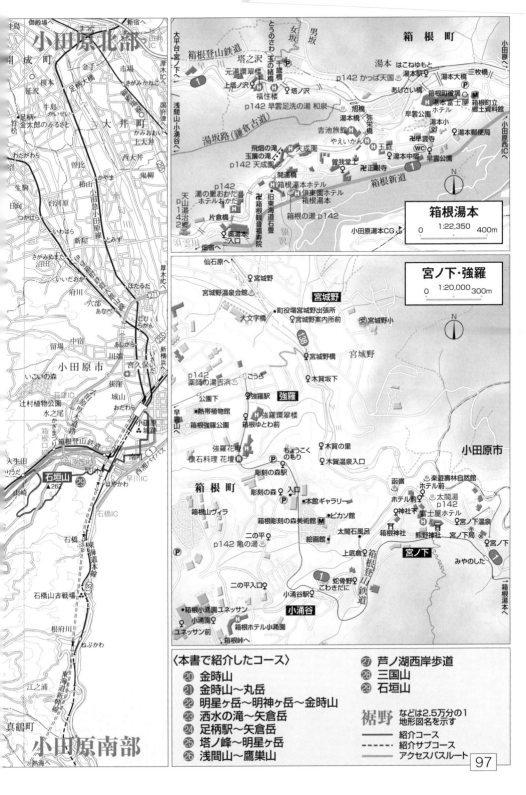

小田原北部

御殿場へ 新宿へ

開成町

金手 市場 厚木ICへ

延沢 さがみかねこへ

足柄大橋 国府津へ

牛島

足柄 金太郎のふるさと 国府津へ

大井町

かみおおい
上大井

西大井

曽比 鬼柳

生駒

栢山 小田原急行小田原線 とみず

日向 台河原

いわはら

新屋 新松田

さがみぬまた 沼田

いいだおか 府川

穴部 あなべ

留場 中宿

宮久保 新横浜へ

小田原市

こいの森 荻窪

辻村植物公園 城山 おだわら 小田原IC

水之尾 箱根登山鉄道

箱根板橋 小田原城跡

石垣山 早川 西湘バイパス 石橋IC

石橋 東海道本線

石橋山古戦場

根府川 ねぶかわ

江之浦

真鶴町

小田原南部

熱海へ

箱根湯本

0 ― 1:22,350 ― 400m

箱根町

箱根登山鉄道 大平台宮ノ下へ とうのさわ 女坂 男坂

塔之沢 玉の緒橋 十国峠

元湯環翠楼 早雲

上塔ノ沢 湯本 はこねゆもと

湯本駅 湯本大橋 三枚橋

福住楼 塔ノ沢 p142 かっぱ天国 P

浅間山小涌谷へ p142 早雲足洗の湯 和泉 あじさい橋 箱根町役場 箱根湯本富士屋ホテル M 箱根町立郷土資料館

湯坂路(鎌倉古道) 旭橋 小田原西ICへ

湯本橋 弥栄橋 早雲寺

吉池旅館 やえいかん 湯本小 湯本郵便局

飛烟の滝 天成園 玉庭 WC

玉簾の滝 p142 天成園 曽我堂上 湯本中宿 早雲公園

開運橋 正眼寺 箱根新道 N

天山 湯の里おかだ 箱根湯本ホテル 伊東園ホテル箱根湯本

p142湯治郷 ホテルおかだ 旧東海道石畳

片倉橋 箱根の湯 p142

奥湯本 猿沢 小田原湯本CG

入口 旧東海道観音霊寿院 畑宿へ

宮ノ下・強羅

0 ― 1:20,000 ― 300m

仙石原へ

宮城野

宮城野温泉会館

大文字焼

宮城野 町役場宮城野出張所 宮城野案内所前 宮城野小

p142 宮城野橋 宮城野

薬師の湯吉浜 こうち 木賀坂下

公園下 強羅駅 強羅

熱帯植物館 強羅環翠楼

箱根強羅公園 強羅ゆとわ前 木賀の里

早雲山へ 木賀温泉入口

強羅花壇 ちょうこくのもり 箱根登山鉄道

懐石料理 花壇 R 彫刻の森駅 函嶺

入口 楽遊壽林自然館 ホテル前

箱根町 本館ギャラリー ホテル前 太閤園 富士屋ホテル

箱根山ヴィラ ピカソ館 神社下 宮ノ下温泉

箱根彫刻の森美術館 M 太閤石風呂 箱根神社 熊野神社 宮ノ下局

二の平 絵画館 宮ノ下

p142 亀の湯 上底倉 宮ノ下

P 二の平入口 蛇骨野 みやのした

小涌谷駅 こわきだに

小田原市

箱根小涌園ユネッサン 小涌谷

小涌園 箱根ホテル小涌園

ユネッサン前 箱根峠へ

裾野 などは2.5万分の1地形図名を示す

―― 紹介コース
---- 紹介サブコース
―― アクセスバスルート

金時山
1212

⑳ ㉑

乙女
長尾山

乙女峠

丸岳
1156▲

⑳ ㉑

公時神社

乙女口

金時神社入口

仙石

長尾峠

湿生花園

芦ノ湖展望公園

姥子

大涌谷

桃源台

箱根ロープウェイ

冠ヶ岳 1409
▲神山
1438

湖尻

三国山
▲1102

1356
駒ヶ岳頂上

駒ヶ岳
▲（箱根元宮）

㉗

駒ヶ岳ロープウェイ

㉘

ザ・プリンス箱根芦ノ湖

箱根園

芦之湯

精進池

二子山
▲1091

芦
ノ
湖
ス
カ
イ
ラ
イ
ン

芦ノ湖

元箱根

箱根旧街道

恩賜
箱根公園

屏風山
▲948

甘酒茶屋

関所跡

箱根峠IC

十国峠・湯河原へ

足柄駅

足柄万葉公園・

矢倉岳
▲870

24

23

山北駅

地蔵堂

23 24

矢倉沢

立体マップ
箱 根

矢倉沢峠

22

明神ヶ岳
▲1169

道了尊
最乗寺・

関本へ

大雄山へ

宮城野分岐

22

早雲山

箱根登山ケーブルカー

宮城野
支所前

強羅

宮城野橋

明星ヶ岳
▲924

大文字

22 20

彫刻の森

小涌谷

宮ノ下

25

千条の滝・

浅間山
▲802

26

鷹巣山▲
834

大平台

湯坂路

25

塔ノ峰
566

飛竜の滝

547
湯坂山

塔ノ沢

箱根湯本

小田原へ

須雲川

箱根新道

畑宿

箱根登山鉄道

湯本温泉

アネスト岩田ターンパイク箱根

20 箱根で最も人気のある 金太郎伝説が残る山に登る

初級

標高	1212m
歩行時間	3時間25分
最大標高差	560m
体力度	★☆☆
技術度	★☆☆

1/2.5万 地形図 **御殿場、関本**

きんときやま
金時山

登山適期と コースの魅力

	1月	2月	3月	4月	5月	6月	7月	8月	9月	10月	11月	12月
			積雪			コイワザクラ					紅葉	
						ツツジ			ヨツバヒヨドリ			
					ハコネグミ、イワボタン							

展望　金時山山頂からは富士山や大涌谷、主峰の神山などが展望できる。

花　コイワザクラなどの花が見られるのは5月初旬～6月中旬。ツツジもこの頃。

紅葉　例年10月下旬～11月中旬。山麓はヒノキが多く稜線上ではカエデやブナが見られる。

🌸 ハコネグミ、イワボタンは5月～6月。

☀️ 樹林帯は濃く、盛夏だと汗を絞られる。

🍁 紅葉は10月下旬から始まり11月中旬まで続く。箱根が最も美しい季節。

❄️ 積雪も多く山登りには不向きだが、金時山山頂はにぎやか。12月12日は金時山の日。

道標に金属製の金太郎像が乗っている

アクセス

新宿駅 — 🚃 — 小田原駅 — 🚌 — 仙石バス停 ---- 👟 ---- 乙女峠バス停 — 🚌 — 新宿駅南口

小田急小田原線 快速急行1時間30分 910円

箱根登山バス 桃源台行 1時間 1120円

3時間25分

小田急ハイウェイバス バスタ新宿行 2時間45分 2240円

※箱根登山鉄道で箱根湯本駅まで行き、そこからバスで仙石バス停に向かう方法もある。

小田原駅東口から桃源台行きのバスは、30分に1本程度の間隔で運行されている。仙石で下車したら、公時神社方面へ進む。25分ほどで公時神社だ。ここが登山口になる。下山口の乙女峠バス停からはバスタ新宿（新宿駅南口）行きの高速バスが便利。1時間に2～3本運行。料金は季節で変動がある。

コースガイド

金太郎伝説が点在する ルートを歩く

仙石バス停❶で下車し、そのままバス通りを進む。山の麓に鎮座する**公時神社❷**が登山口で、駐車場奥の階段を登ると神社の境内に出る。金太郎のモデルになったといわれる平安時代の武将、坂田公時を祭神とし、本殿前には金太郎がクマと相撲をとったといわれる土俵があり、マサカリが安置されている。登山の無事を祈願して出発する。

　登山道は本殿の一段下から北に延びている。歴史を感じさせるような針葉樹の大木に囲まれた道を進む。途中には風化して文字がはっきりしないが、坂田公時の碑や金太郎が蹴落としたといわれる金時手鞠石などがある。さ

①金太郎がクマと相撲をとった土俵やマサカリがある公時神社。②公時神社から金時山へ向かう登山道。歩き始めは大小の岩が転がるが、歩きにくい道ではない

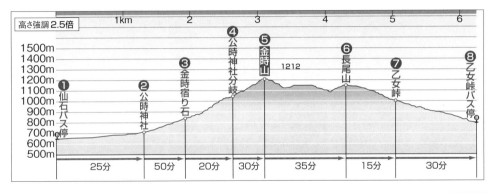

| 高さ強調2.5倍 | | 1km | | 2 | | 3 | | 4 | | 5 | | 6 |

① 仙石バス停
② 公時神社
③ 金時宿り石
④ 公時神社分岐
⑤ 金時山 1212
⑥ 長尾山
⑦ 乙女峠
⑧ 乙女峠バス停

| 25分 | 50分 | 20分 | 30分 | 35分 | 15分 | 30分 |

金時山

0 ────── 500m
1:30,000
<参考>2.5万地形図
御殿場, 関本

N

静岡県
小山町

足柄峠へ→
夕日ノ滝・地蔵堂へ→

ロープが張られた急坂

茶店が2軒ある
とくに富士山の眺めがいい
金時山 ⑤ 休 WC

ブナ林が美しい

神奈川県
南足柄市

山頂は広く平坦。
展望はない
休 ⑥ 長尾山

鞍部

公時神社分岐 ④

③ 金時宿り石

矢倉沢峠

粘土質の登山道。
滑らないように注意

⑦ 乙女峠

金時蹴落石
金時手鞠石
坂田金時の碑

公時神社 ②

乙女峠バス停 ⑧

乙女トンネル

乙女口

公時神社
（金時神社）

WC

P（写真Ⓐ）

ゴルフ練習場
ガソリンスタンド跡

「金時山」

「金時山登山口」

仙石バス停 ①

国道を歩く

仙石原
仙石案内所

小田急箱根
ハイランドホテル

箱根ガラスの森

箱根湯本・小田原へ

丸岳
▲1156

芦ノ湖展望公園へ

神奈川県
箱根町

明神ヶ岳へ→

箱根湿生花園

箱根仙石原湿原植物群落

仙郷楼前

箱根田

山頂から長尾山へ向かう道

Ⓐ 公時神社の駐車場

桃源台へ→

③公時神社奥の院に祀られた大岩。④公時神社分岐。明神ヶ岳、火打石岳から向かってくる稜線との合流点だ。⑤公時神社分岐から金時山に向かう道。こうした岩が転がる箇所もあるが、子どもでも危険なく登ることができる。⑥金時山山頂手前の岩場。すぐにクリアできる。⑦公時神社境内に安置されたマサカリ。⑧公時神社にある土俵。金太郎がクマと相撲をとった場所だ

らに登っていくと林道を渡る。その先に奥の院がある。道標に従って登山道を右に入れば、大きな岩の下に小さな祠が祀られている。以前はここにマサカリも祀られていたが、現在はなくなっているようだ。

登山道に戻って進むと、**金時宿り石❸**という大岩の下に出る。金太郎と母親の山姥がこの下で夜露をしのいだと伝わる由緒ある岩だ。岩が大きく縦に割れているのは、あまりの寒さにさすがにこの大きさの岩でも耐えきれなかったとの伝説につながっている。

金時宿り石の前は小さな広場になっているので、ここでしばらく休憩しよう。その先、宿り石左の急坂を登っていく。登りきると宿り石の上部に出る。ここからは平坦な道になるが、ほどなく再び登り勾配の道になる。樹林帯をジグザグに登っていく。最も辛い箇所だ。立ち休みを繰り返しながら登るようにしよう。

前方が開けてきたら**公時神社分岐❹**に出る。ここで箱根外輪山の一角をなす稜線に乗ったことになる。右へ行けば明神ヶ岳から明星ヶ岳方面へ、左に進路をとれば金時山から丸岳、長尾峠、三国山に行くことができる。ここでは目指す金時山へ通じる左へ進む。

上空が抜けた明るい登山道だ。最初のうちは展望はないが、岩の多い場所に出ると、左に大涌谷や神山が見えるようになる。岩の多い道をわずかに登ると**金時山❺**山頂だ。

下山は 乙女峠方面へ

この頂上は広くて解放的。ただし、岩が露出しているので、転ばないように注意しよう。山頂標識の右に富士山が大きく見え、雄大な眺めが堪能できる。2軒の茶店とトイレがある。ベンチもあるが、最も座りたくなる山頂標識前のベンチは茶店利用者優先らしいので、適当な岩の上に腰を下ろし、弁当を広げるといいだろう。

下山は乙女峠方面へ。茶店を背にして、右下に見える道に入る。すぐに急下降になり、大きくえぐれた箇所や溶岩が露出した部分もあるので、ゆっくり下ろう。ロープが張られ

金時山の山頂。茶店が2軒建ち連日登山者で混雑している

た箇所では、それを頼ろう。鞍部まで下って登り返せば**長尾山❻**。ここから乙女峠までは下りに下る。傾斜はそれほどでもないが、火山性の土は滑りやすい。とくに、雨上がりには要注意だ。左にベンチが見えてきたら**乙女峠❼**。

　峠には富士山を展望できる櫓がある。ここからの富士山も山頂からの眺めと遜色はない。峠から直進するのは丸岳から長尾峠へ向かう道。ここでは右、乙女峠へ下ろう。

　ミズナラやカエデ類の樹林帯を小刻みに曲がりながらジグザに下る。国道138号にで出ら右へ。すぐに**乙女峠バス停❽**がある。ここから高速バスで新宿駅まで戻ることができる。

　水場　コース中に水場はないので、事前に用意すること。
　トイレ　登山口の公時神社と金時山山頂にある。山頂のトイレはチップ制で1回100円。

●問合せ先
箱根町総合観光案内所　☎0460-85-5700
箱根登山バス小田原営業所　☎0465-35-1271
小田急箱根高速バス　☎03-5438-8511

金太郎伝説

地蔵堂に住む八重桐という娘が縁あって坂田氏に嫁いだのだが、一族の争いから逃れるため地蔵堂の屋敷に戻り近くの夕日の滝の水を産湯に使い大きな男の子を生んだ。この子が金太郎で幼い時から屋敷内にある大きな岩に登ったり、金時山で動物たちと遊んで育った。その内に金太郎は足柄山の怪童といわれるようになり、源頼光の家来に取り立てられ、坂田公時と改名。渡辺綱や碓井貞光、卜部季武らとともに頼光の四天王といわれるようになった。そして、酒呑童子を退治してその名を天下に轟かせた。頼光亡き後は足柄山に戻ったとされているが、その後の消息はよくわかっていない。公時神社からの登山道に「金時手鞠石」や「坂田公時の碑」がある。

金太郎が蹴落としたと伝わる金時蹴落石。物凄いパワーだ

21 金時山から芦ノ湖を眼下に 神奈川と静岡の県境を南下する

初・中級

標高	1212m
歩行時間	5時間50分
最大標高差	560m
体力度	★★☆
技術度	★☆☆

きんときやま～まるだけ

金時山～丸岳

1/2.5万 地形図	御殿場、関本、裾野、箱根

登山適期とコースの魅力

1月	2月	3月	4月	5月	6月	7月	8月	9月	10月	11月	12月

積雪
コイワザクラ
ツツジ
ヨツバヒヨドリ
紅葉
ハコネグミ、イワボタン

展望　金時山山頂からの展望に加え、未だ入山禁止の箱根山を左に眺めながら快適に歩く。
花　稜線で確認できるのはアブラチャンやマメザクラ。登山道にはハコネザサが茂る。
紅葉　例年10月下旬～11月中旬。山麓はヒノキが多く稜線上ではカエデやブナが見られる。

🌸 ハコネグミ、イワボタンは5月～6月。
☀ 樹林帯は濃く、盛夏だと汗を絞られる。
🍁 紅葉は10月下旬から始まり11月中旬まで続く。箱根が最も美しい季節。
❄ 積雪が多く12月～3月の稜線歩きは事前の情報収集が必要。

金時山山頂から眺める迫力のある富士山

アクセス

新宿駅 — 小田急小田原線 快速急行1時間30分 910円 — 小田原駅 — 箱根登山バス 桃源台行 45分 1120円 — 仙石バス停 ···· 5時間50分 ···· 桃源台バス停 — 小田急ハイウェイバス バスタ新宿行 2時間45分 2240円 — 新宿駅南口

※箱根登山鉄道で箱根湯本駅まで行き、そこからバスで仙石バス停に向かう方法もある。

小田原駅東口から桃源台行きのバスは、30分に1本程度の間隔で運行されている。仙石で下車したら、公時神社方面へ進む。20分ほどで公時神社だ。ここが登山口になる。下山口の桃源台バス停からはバスタ新宿（新宿駅南口）行きの高速バスが便利。1時間に1～2本運行。もちろん、箱根湯本駅か小田原駅で電車に乗り継いで帰るのもいい。

コースガイド

数多く金太郎伝説が残る金時山に登る

小田原からの直通か、箱根湯本でバスに乗り継ぐかで**仙石バス停❶**へ。バス通りをそのまま進むと、**金時ゴルフ練習場❷**の先、右側に公時神社が現れる。金太郎のモデル、坂田公時を祀る神社だ。無事を願い、出発する。

針葉樹の大木に囲まれた道を登る。途中には坂田公時の碑や金太郎が蹴落としたといわれる金時手鞠石などがある。その先にある金時宿り石は、金太郎と母親の山姥が夜露をしのいだといわれる所。大きな岩に刻まれた縦の亀裂は寒さのせいといわれ、自然の厳しさを教えてくれる。

小さな広場がある金時宿り石の前で小休止

①金時山からの下り始めではこうした岩があるが、問題なく歩くことができる。②平坦な長尾山。展望はない。③乙女峠。富士山の展望がいい。丸岳山頂。後方には大きなアンテナがある

した後、石の左にある急坂を登る。登りきった宿り石上部からはしばらく平坦な道になる。再び樹林帯をジグザグに登るが、ここがコース屈指の急勾配だ。立ち休みを繰り返しなが

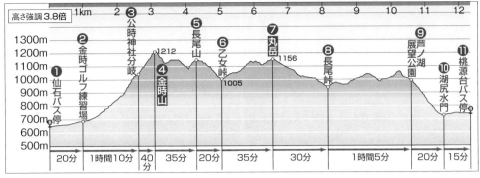

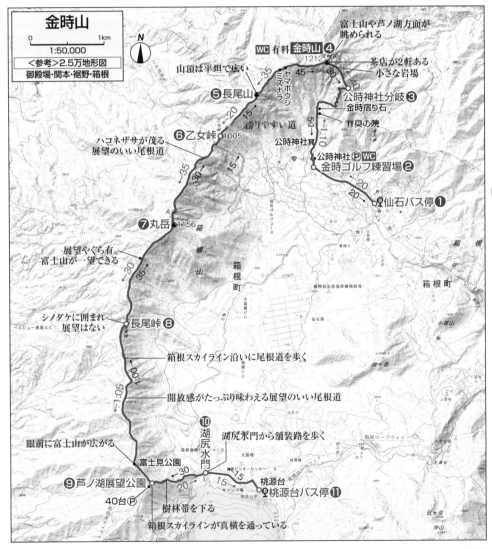

⑤仙石原に下る分岐点手前から芦ノ湖を眺める。⑥芦ノ湖展望公園から駒ヶ岳、芦ノ湖を眺める。⑦金時山山頂。岩山だということがわかる。⑧芦ノ湖展望公園の広場。絶好の休憩場所

ら登ろう。

　前方が開けてくると、稜線上の**公時神社分岐❸**に出る。ここを左に進むと、やがて大涌谷や神山を望み、強羅を見下ろすようになり、**金時山❹**に着く。茶店が2軒のほか、トイレもある山頂は広く、富士山が大きく眺められる。

　山頂から南西、乙女峠を目指す。茶店を背に、右下に見える道に入る。急勾配の下りや岩が露出した部分、ロープが張られた箇所などでは、とくに慎重に。下って登り返すと**長尾山❺**。ここから乙女峠へはひたすら下る。

富士山や芦ノ湖の眺めを
存分に楽しもう

　十字路の**乙女峠❻**を直進、桃源台に向けて稜線を進む。すぐに道は登り始め、ハコネザサに囲まれるようになる。小さなピークの先、正面にパラボラアンテナが見えたら、大きく下って登り返す。丸太の階段を登れば、先ほど見えたアンテナが建つ**丸岳❼**山頂で、芦ノ湖や大涌谷が眺められる。その名称に違わず、丸くて開放的だ。後方には金時山も見える。ベンチも2台あり、展望を楽しみながら休憩できるのがうれしい。時間が許す限り、のんびりしたい。

　丸岳から左に箱根のシンボルのひとつでもある芦ノ湖を見ながら進む。道の右側はハコネザサに遮られ、展望を楽しむのは難しい。ゆるく下り、水平歩行になると富士見台という富士山の展望地がある。ここには小さな櫓が組まれていて、開放的な眺めを満喫できる。富士見台を過ぎると樹林帯のなかの道になる。シノダケに覆われた道に変われば、ほどなく**長尾峠❽**に着く。左に仙石原に下る道があるだけで、休憩スペースも展望もないので、立ち休みするだけで通り過ぎる。

　下っていく先に、箱根スカイラインの駐車場がある。ここからひと登りし、小さなピークを越えて下りになると、芦ノ湖が眼下に広

金時山山頂からの眺め。箱根エリアの山々や芦ノ湖、強羅方面が展望できる

がる。右側の視界も開け、裾野市街や富士山も見えるようになる。下りきると再び箱根スカイラインに出合う。丸太の階段を登り返せば富士見公園だ。名前の通り、富士山の眺めがみごと。

ここからさらに丸太の階段を登ると、小さなピークに出る。前方の右には**芦ノ湖展望公園⑨**が見える。ここから下って湖水門の道標が立つ分岐を右に行けば公園に着く。寄り道にはなるが、この素晴らしい展望をぜひ目に焼き付けたい。

十分に楽しんだら、先ほどの湖水門の道標

が立つ分岐まで戻り、芦ノ湖に向かって下っていく。足場の悪い石混じりの道を歩く。雑木林に入ると土の道になり、小さくジグザグを繰り返すようになる。竹林を下れば早川口に到着。ここから車道を左へ、**湖尻水門⑩**を過ぎると、**桃源台バス停⑪**がある。

長尾峠からのエスケープルート

稜線歩きで一番問題なのは風が強い時。歩行に支障をきたすような場合は、芦ノ湖展望公園まで行かずに長尾峠から耕牧舎跡まで下り、そこから桃源台バス停まで歩くか、耕牧舎跡から湿生花園方面へ向かい仙石案内所まで行くといい。ここから箱根湯本駅方面に向かうバス便がある。時間があれば湿生植物が展示された湿生花園を見学するのも楽しい。

さまざまな植物が展示された箱根湿生花園

 水場 コース中に水場はないので、事前に用意すること。

トイレ 公時神社と金時山山頂、桃源台にある。金時山山頂のトイレはチップ制で1回100円。

●問合せ先
箱根町総合観光案内所 ☎0460-85-5700
箱根登山バス小田原営業所 ☎0465-35-1271
小田急ハイウェイバス ☎03-5438-8511

22 箱根を代表する3山を縦走する歩きごたえのある縦走ルート

中・上級

標高	1212m
歩行時間	8時間
最大標高差	770m
体力度	★★★
技術度	★☆☆

みょうじょうがたけ〜みょうじんがたけ〜きんときやま

明星ヶ岳〜明神ヶ岳〜金時山

1/2.5万地形図	御殿場、関本、裾野、箱根

登山適期とコースの魅力

1月	2月	3月	4月	5月	6月	7月	8月	9月	10月	11月	12月

積雪
コイワザクラ
ツツジ
ヨツバヒヨドリ
ハコネグミ、イワボタン
紅葉

展望　明神ヶ岳、金時山の山頂からの展望は良好だが、明星ヶ岳からの眺めはない。
花　ヤマボウシやウツギ、シモツケソウ、ホタルブクロ、ウメバチソウ、シシウドなど。
紅葉　稜線上では11月上旬くらいから始まり次第に麓に下りていく。

春　落葉樹が芽吹く頃。山全体が緑色に染まる。
夏　盛夏は蒸し暑く登山向きではないが、山域はシロバナイナモリソウ、シモツケソウが咲く。
秋　箱根名物はススキの穂波。とくに仙石原には多くの観光客が訪れる。
冬　雪がなければ歩けるが、凍結に要注意。

矢倉沢峠にあるうぐいす茶屋。不定休

アクセス

新宿駅	小田原駅	箱根湯本駅	強羅駅	仙石バス停	小田原駅	新宿駅
小田急小田原線快速急行1時間30分910円	箱根登山鉄道15分 770円（強羅駅まで）	箱根登山鉄道40分	8時間	箱根登山バス1時間1120円	小田急小田原線快速急行1時間30分910円	

時間が合えば小田急のロマンスカーを利用して箱根湯本まで行くのも便利。ロマンスカーの新宿始発は7時。乗車時間は1時間25分。料金は2470円。東京駅から小田原駅まで新幹線を利用、箱根登山鉄道に乗り換える方法もある。

マイカー　登山には向かないが、箱根湯本駅近くに駐車して強羅駅まで登山鉄道で行き、スタートする。

コースガイド

まず箱根大文字焼の山を目指す

こうら
　強羅駅①を出て、線路を渡って2本目の道を左へ行くと、右に下る階段が見えてくる。ここを下って宮城野橋を渡り、明星ヶ岳、明神ヶ岳の道標に従って住宅街の道を進む。右に老人ホームが見えてきたら、そこで左に曲がる。少しずつ登り勾配がきつくなると、後方に二子山が見えてくる。勾配が落ち着くあたりに明星ヶ岳、明神ヶ岳の登山口②がある。登山口の前で靴紐とザックベルトのゆるみを確認して、登山道に踏み入れる。

　最初は樹林帯の中を小さく不規則に曲がりながら登るが、やがて送電線沿いに進む。展
おおわくだに
望のない道から急に、大涌谷が見える開けた

①強羅駅から車道に出たら道標に従って進む。②明星ヶ岳山頂は登山道からわずかに入った左側にある。③登山口から稜線に乗るまではこうした展望のない藪道の部分が多い

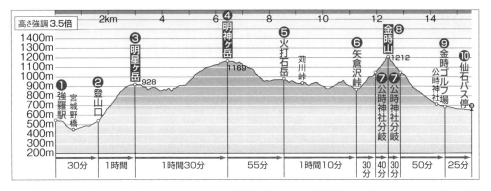

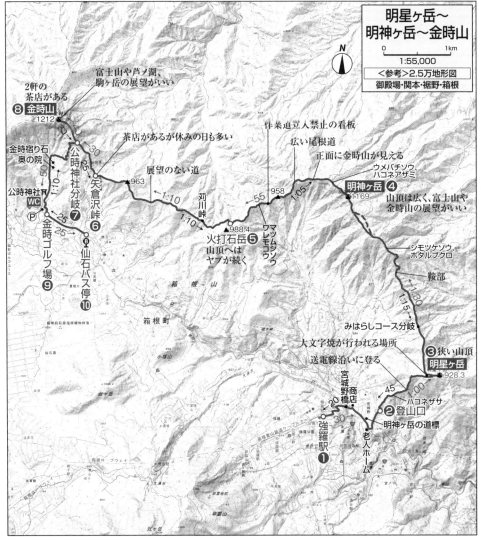

④明星ヶ岳から明神ヶ岳にかけての稜線は、背丈よりも高い草木に覆われていることが多い。⑤明神ヶ岳山頂。その姿が特徴的な金時山の景観が印象に残る。⑥火打石岳山頂。展望はなく、山頂らしさもない。⑦明神ヶ岳からの道が交わる公時神社分岐。⑧金時山手前の岩場。⑨金時山の直下南斜面

場所に出る。箱根大文字焼が行われる所だ。ここから樹林帯をわずかに登ると稜線合流点に着く。平坦な稜線を東に少し進んだ所が**明星ヶ岳❸**。小さな祠と石碑がある。

　明星ヶ岳から稜線合流点まで戻り、明神ヶ岳を目指す。道の両側が樹木に覆われることもあるが、登山道は歩きやすい。奥和留沢みはらしコース分岐点を右に見送り、小さくアップダウンすると鞍部に着く。ここから45分ほど、少しばかり急勾配を登れば**明神ヶ岳❹**。山頂手前からは湘南の海岸線が見える。

　明神ヶ岳山頂は広いが、植生保護のためのロープが張られている中には立ち入らないこと。富士山や特徴的なフォルムの金時山が眺められる。

　明神ヶ岳から尾根道をたどる。左にはガレ場、右に無線中継所が見える。展望に恵まれた道だが、痩せて細いので注意しよう。作業道立入禁止の看板裏手の道には入らないこと。**火打石岳❺**の説明看板で山頂を巻いて進む。ハコネザサが茂る尾根道を軽くアップダウンすると**矢倉沢峠❻**。うぐいす茶屋があり、その前にはベンチが置かれている。

マサカリを借りての
記念撮影も楽しい

　矢倉沢峠から公時神社分岐まで30分ほど。その先は遮るものがなくなり、展望のいい尾根を歩く。多少滑りやすい道を登る。ハコネザサが茂っているが明るく、左に大涌谷や神山、芦ノ湖が眺められる。さらに高度が上がると、金時山の山頂が見える。後方には明神ヶ岳も見えるようになる。勾配がきつくなれば、公時神社分岐はもうすぐ。

　公時神社分岐❼では公時神社から登ってくる道と主稜線が合流する。ここには立派な道標が立っている。岩混じりの道を下ると左側が開け、大涌谷や神山が一望できるようになる。その後、木の階段を登ると岩場が待つ。クサリなどは張られていないが、次の足を置く場所をシミュレーションしながら登ろう。岩場を登りきれば**金時山❽**の山頂に出る。

　岩が多い金時山山頂は広く、2軒の茶店の

明星ヶ岳手前の大文字焼が開催される場所からの展望。正面には駒ヶ岳が見える

ほか、トイレもある。裾を広げた美しい姿の富士山、南面には大涌谷、神山から芦ノ湖のパノラマが広がる眺めは素晴らしい。

金太郎伝説が色濃く残るこの山は、こどもの日には多くの親子連れが訪れる。茶店でマサカリを借りて山頂標識の前で写真を撮るのが定番になっているらしく、時間帯によっては順番待ちになることもあるようだ。

金時山を堪能したら、往路を公時神社分岐まで戻る。そこからは金太郎伝説の証ともいうべきポイントが点在する樹林帯の道をジグザグに下りていく。金太郎が雨宿りしたとされる金時宿り石や金時手鞠石などを通り過ぎ、土俵やマサカリなど金太郎伝説のシンボルがある公時神社の先には**金時ゴルフ場❾**がある。国道を左に歩けば**仙石バス停❿**に着く。

水場　コース上に水場として紹介できる箇所はない。最乗寺から明神ヶ岳に向かう途中に明神水があるが、稜線から往復すると40分ほどかかるので、事前に必要量を持って行くことが大切。

トイレ　強羅駅のトイレの後はうぐいす茶屋、金時山までない。

●問合せ先
箱根町総合観光案内所　☎0460-85-5700
南足柄市商工観光課　☎0465-73-8031
箱根登山バス小田原営業所　☎0465-35-1271
箱根登山鉄道　☎0465-32-6823

箱根大文字焼の会場を見に行く

箱根の三大祭りに数えられる「箱根大文字焼」は明星ヶ岳（大文字山）で行われる。起源は大正10年（1921年）、避暑客の慰安と箱根全山の有縁無縁の諸霊を慰めるためのもの。例年8月16日に開催されるが、当日は多くの観光客で箱根の町は混雑する。あえて行く日をずらせば大文字焼が行われる場所に入ることができる。9月でもその「大」の文字跡ははっきりと残っており、まだ焦げたような臭いもする。強羅から明星ヶ岳に向かい稜線に乗る手前左側にその場所がある。展望に優れ、休憩ポイントでもある。

大文字焼の痕跡がはっきりと残っている

111

23 洒水の滝を見学してから矢倉岳へ向かう 〔初・中級〕

標高	870m
歩行時間	4時間50分
最大標高差	760m
体力度	★★☆
技術度	★☆☆

しゃすいのたき～やくらだけ
洒水の滝～矢倉岳

1/2.5万地形図	山北、関本

登山適期とコースの魅力

1月	2月	3月	4月	5月	6月	7月	8月	9月	10月	11月	12月

キンポウゲ　　ヤマユリ　　紅葉
ミツマタ　　カタバミ

展望　矢倉岳山頂からは富士山や金時山、明神ヶ岳などのほか相模湾を望むことができる。
花　キンポウゲやカマツカ、ミツマタ、ミツバウツギ、フタリシズカ、ヤマツツジなど。
施設　設定コースは神奈川県立21世紀の森を通る。土・日・祝日には軽食堂が営業される。

（春）新緑は4月中旬頃からが見頃。
（夏）21世紀の森の木々が眩しいくらいに輝く季節。この時期に登るなら暑さ対策は完璧に。
（秋）オオモミジなどの紅葉は11月中旬から12月の上旬。森林浴を兼ねた登山がおすすめ。
（冬）雪がなければ大丈夫。登山道の凍結に注意。

迫力のある洒水の滝。観瀑台からの眺め

アクセス

新宿駅 — 小田急小田原線 快速急行 1時間15分 800円 — 新松田駅 — 5分 — 松田駅 — JR御殿場線 7分 190円 — 山北駅 — 4時間50分 — 矢倉沢バス停 — 箱根登山バス 15分 350円 — 関本バス停 — 5分 — 大雄山駅 — 伊豆箱根鉄道大雄山線 20分 280円 — 小田原駅 — 小田急小田原線 快速急行 1時間30分 910円 — 新宿駅

洒水の滝と矢倉岳は別々に訪れる人が多いはず。さらに神奈川県立21世紀の森は体験学習ができる施設のため、ファミリーが目立つ。この3ポイントを繋げて歩くコース設定だ。日本の滝100選に選定された「洒水の滝」からひと登りして「21世紀の森」を散策した後、「矢倉岳」に向かう。それぞれの場所での体験が異なり、楽しい。

コースガイド
滝に森、山 それぞれの魅力を堪能

　山北駅❶周辺はレトロ感が漂う魅力的な所。懐かしい風情が残る商店街を抜け、道なりに進むと体育館が見えてくる。道標に従って左に入り、川沿いを右に歩く。バス通りに出たら左へ。これから向かう山並みが、少しずつ顔を見せてくれるようになる平山❷を過ぎる。洒水の滝の道標に導かれるようにして県道を進むと、左側に洒水の滝の大きな看板が見えてくる。ここで右の小さな道に入り、すぐの歩道を左に下る。この道を直進する。

　右に駐車場が見えたら、その前が21世紀の森へ行く林道の入口になる。洒水の滝❸へは直進。5分ほどで目の前に滝が見えてくる。

1 2
3 4

①林道歩きから道標に従って21世紀の森へ向かう。ここから急勾配のない歩きやすい道になる。②21世紀の森の中を抜ける。右に見えるのがトイレが併設された東屋。③簡易舗装の道。クサリを越えて矢倉岳へ。④林の中を進む

手前の赤い橋から先は通行止めになっている。滝は3段に分かれ、その合計の落差は114mにも及ぶ。美しい滝をゆっくり観賞したら、

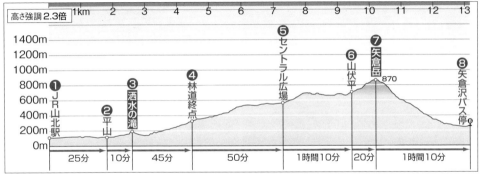

⑤迫力のある洒水の滝。正面の赤い橋辺りが絶好の展望ポイント。⑥矢倉岳山頂。いくつか石柱が立てられている。⑦矢倉岳からの下り始めは土が柔らかい。雨上がりだとぬかるんでいることもある。⑧簡易舗装のような道になると下山口は近い

21世紀の森に向かおう。

歩く人の少ない道を登って
21世紀の森へ

　洒水の滝から往路を戻り、駐車場の前の分岐を右に入る。簡易舗装された林道だが、登り勾配はきつく、体力を消耗させられる。できるだけゆっくり歩こう。高度が上がると、右下の緑のなかに先ほど訪れた洒水の滝が見えるようになる。

　簡易舗装された**林道終点❹**からは土の道になり、道なりに登っていく。樹林帯に延びる道だ。途中に21世紀の森を示す道標もあるが、一本道なので迷いようがない。

　21世紀の森の看板が立つ場所から左に登る道がある。そのまま直進してもいいが、ここはテレビ中継所経由で登る左の道を行こう。わずかな時間でテレビ中継所前に出る。ここから未舗装路になる。森林館方面へ進むとクロマツ採種園、スギ採種園前を通る。再び舗装された道になるとトイレが併設された東屋にでる。ここで少し休憩しよう。周囲は大き

な森が広がっている。

　体力が回復したら、そのまま直進してセントラル広場を目指す。いつ訪れても森林浴が楽しめるエリアだ。小広い**セントラル広場❺**からは浜居場城跡経由で矢倉岳に向かう。最初は簡易舗装された道だが、すぐに土の道になり、少しずつ登り勾配が強くなってくる。

緑濃い樹林帯を登って
矢倉岳山頂へ

　夏ならたっぷり汗を絞られる少し勾配の強い道を登る。展望のない樹林帯だ。木の根の露出箇所も多いのでなるべく踏まないように注意しながら登ろう。適当な休憩場所はないので、疲れたら立ち休みをしよう。勾配が安定してくると**山伏平❻**に着く。ここをまっすぐ下れば足柄万葉公園から足柄峠に行けるが、矢倉岳山頂は山伏平を左。樹林帯の中の狭い登山道を進む。滑りやすいのでゆっくり登るようにしよう。20分ほどで**矢倉岳❼**山頂だ。

　矢倉岳山頂は平坦で小広く草原のような場所で落ち着く。展望にも恵まれ、金時山や神

⑨動物避けのゲートを過ぎるとバス停は近い。ゲートの扉は確実に閉めること。⑩住宅街まで下りてきたら、ここから矢倉沢バス停まで行く。⑪矢倉岳山頂から金時山方面の山並みを展望する

山、明神ヶ岳が見えている。以前には展望櫓か置かれていたのだが、今はない。

展望とランチを楽しんだら矢倉沢に下ろう

矢倉岳山頂に祀られた祠前あたりに登山道がある。そこから下山にかかる。樹木が多く少し暗さを感じる道。下り始めは土が柔らかく登山靴がめり込むような箇所があるので注意しながら下る。このエリアを抜けると歩きやすい登山道になるが、土の流失を防ぐために組まれた丸太を越えて行くようになる。歩幅が安定しないので、少し疲れるが頑張ろう。

このエリアを抜けるとロープの張られた道になる。しかし、頼ることなくクリアできる

はずだ。「ハナの果注意」の看板には驚かされる。6月〜9月には注意が必要だ。

階段状の道に入るとトタン小屋の脇を通る。ここから簡易舗装の道になる。茶畑が広がる場所だ。その先にイノシシ被害対策のためのゲートがある。ここを通過するのだが、ゲートの扉はしっかりと閉めること。

ゲートを抜けたら道なりに下る。そのまま歩くと本村バス停。ここからのバス便は少ないのでこの先の**矢倉沢バス停❽**まで行く、関本に向かうほうが早い。

💧 **水場** 山中に水場と呼べる場所はない。洒水の滝周辺に自販機、21世紀の森に水道があるが、事前に用意しておこう。

🚻 **トイレ** 洒水の滝、21世紀の森、下山口の本村バス停近くにある。

●問合せ先
神奈川県立21世紀の森 ☎0465-72-0404
山北町商工観光課 ☎0465-75-3646
南足柄市商工観光課 ☎0465-73-8031

山北町循環バス

山北駅舎を出るとクラシックで大きな建物がある。それが山北町の観光案内所。休日には多くの観光客が立ち寄る場所。駅周辺はクラシカルでどこか懐かしさの感じられる建物が多いように思う。観光案内所の前に停まっているのが町内を循環するボンネットバス。町民だけでなく観光目的で訪れた人たちも利用している。

クラシック感いっぱいの山北駅とバス

24 静岡県側の足柄駅から古道を歩いて
矢倉岳を目指す

初級

標高	870m
歩行時間	4時間15分
最大標高差	620m
体力度	★★☆
技術度	★☆☆

あしがらえき～やくらだけ
足柄駅～矢倉岳

1/2.5万 地形図 駿河小山、山北、御殿場、関本

登山適期とコースの魅力

	1月	2月	3月	4月	5月	6月	7月	8月	9月	10月	11月	12月
	積雪		梅								紅葉	
			ソメイヨシノ									
				ミツバツツジ								

展望　天気がよければ矢倉岳山頂と足柄峠から富士山が展望できる。
花　足柄万葉公園の梅や桜の開花時期になると多くの花見客で混雑する。
紅葉　ウリハダカエデやイタヤカエデなどのカエデ類を中心に山が彩られる。

春　スミレやジュウニヒトエなどの山野草やツツジ類が多く観られる。
夏　真夏は蒸し暑く登山向きではないが、梅雨の晴れ間には多くのハイカーが訪れる。
秋　11月の紅葉期がおすすめ。
冬　積雪がなければ歩くことができる。

足柄之関跡。観光ポイントのひとつだ

アクセス

新宿駅 → 小田急小田原線快速急行 1時間15分 800円 → 新松田駅 → 5分 → 松田駅 → JR御殿場線普通 25分 330円 → 足柄駅 → 4時間 → 矢倉沢バス停 → 15分 → 箱根登山バス 15分 350円 → 関本 → 5分 → 大雄山駅 → 伊豆箱根鉄道大雄山線 20分 280円 → 小田原駅 → 小田急小田原線快速急行 1時間30分 910円 → 新宿駅

アクセスを新宿駅起点に設定したが、東京駅を起点にすると新幹線を利用して熱海まで行き、そこからJR東海道本線に乗り換えて沼津駅まで行く。さらにJR御殿場線に乗り換えて足柄駅に向かう方法もある。乗車は約2時間。料金は4930円。アクセスに少し時間がかかるがいつ訪れても歩く人が少なく、充実した歩きが楽しめるはず。

コースガイド

足柄駅から足柄峠を目指す

　JR御殿場線の**足柄駅❶**を出たら踏切を渡る。そのまま直進して道路標識の足柄古道に従う。しばらく進むと、住宅街を抜けて未舗装の道を歩くようになる。振り返ると大きく裾を広げた富士山が見えている。まるで富士山と一緒に歩いているようだ。登り勾配になると右に銚子ヶ渕という小さな池が現れる。休憩に適した場所だ。ひと息入れていこう。

　銚子ヶ渕を過ぎると樹林帯を歩くようになる。**伊勢宇橋❷**で県道78号線に出るが、この道は足柄峠方面へ向かうドライブコースでもあるので、注意して登るようにしよう。

　県道は登り勾配が続く。15分ほど歩くと左

①銚子ヶ渕。年若い花嫁が銚子を抱いてここに身を投げたという史実から命名された。②スタート地点の足柄駅。③富士箱根トレイルのコースに選定された赤坂古道の入口

④足柄城址の入口。⑤万葉公園から樹林帯を登り始める。ゆっくり歩くこと。⑥足柄駅からは基本は車道歩きが続く。神奈川県境まで3kmの看板。頑張ろう。⑦足柄峠への分岐。左に進む。⑧思ったよりも狭い足柄峠。⑨万葉公園内の休憩用の東屋

に山道が分岐する。赤坂古道という名称の道だ。この道は足柄古道の一部になっている。この道を登って足柄峠まで行くことも可能だが、この道には入らずに県道をそのまま直進する。15分ほど登ると、正面に足柄峠の近道が現れるので道標に従って林のなかを15分ほど登れば足柄峠の駐車スペース脇に出る。

足柄峠から
矢倉岳下の山伏平へ

　足柄峠から足柄城址を経由して舗装された道を登る。傾斜はゆるやかなので息が上がってしまうことはない。途中の足柄城址や聖天堂、足柄峠に出没する強盗団を取り締まるために設けられた足柄之関跡などを見学しながら進もう。観光で訪れる人の多いエリアなの

で、茶屋もあり休憩することもできる。

　地蔵堂に下る道を右に分けて進むと、万葉公園のバス停がある。辺りは**万葉公園❹**でウメやサクラの季節には混雑する。富士箱根トレイルの看板を過ぎた辺りから登山道になるので、そのまま直進して明るい樹林帯を抜け、尾根ルートに入る。ここからは完全な登山者だけの世界になる。左から合流してくる登山道は旧ルートで現在は登山禁止になっている。そのまま直進すれば**山伏平❺**だ。山伏平を直進すると、21世紀の森から洒水の滝に行くことができるが、矢倉岳は山伏平から右へ。

💧 **水場**　山中に水場と呼べる箇所はない。事前に用意しよう。起点となる足柄駅前にコンビニがある。

🚻 **トイレ**　足柄駅、足柄峠、本村バス停近くにある。他のコースよりも数は多い。

●問合せ先
小山町観光協会 ☎0550-76-5000
南足柄市役所商工観光課 ☎0465-73-8031
箱根登山バス小田原営業所 ☎0465-35-1271

足柄城址

足柄城は静岡県駿東郡小山町と神奈川県南足柄市の足柄峠にあった城の址。別名を霞城ともいわれた山城だ。現在は建物などは残っていないが、1392年頃に建てられたといわれている。主な城主は北条氏光。緑が広がる跡地は、観光客でにぎやか。

広い草地の中に東屋が建っている。休憩向けだ

展望と日当たりのいい
矢倉岳山頂でゆっくりしよう

山伏平からの登り始めは濡れている時は滑るので要注意。こうした場合は土ではなく、草地部分を歩いたほうがいいかもしれない。その後、土砂流失止めを兼ねた階段を登り、勾配がゆるんできたら木々に覆われたトンネルのような場所を抜けると**矢倉岳❻**山頂に着く。草地で広く明神ヶ岳や神山、金時山などが展望できる。好天なら富士山を拝むことも可能だ。日当たりもいいので、昼寝を楽しむ人も少なくない。時間の許す限りのんびりしたい山頂だ。以前には展望櫓があったのだが、今はない。

下山は山頂の西川、祠が祀られた辺りから登山道に入る。雑木林のような箇所に延びる道で少し暗さを感じる。路面の土は若干柔らかく登山靴がめり込むような箇所もあるので、靴はローカットではなくハイカットの物を履いていたほうがいいかもしれない。とくに雨上がりの日や梅雨時など。

このエリアを抜けるとロープが張られた道に入るが頼らなくても大丈夫。ただし、小雨でも雨の時は軽く手に持って歩くようにしよう。また、このエリアにはハチの巣がある。撤去されていない所には、注意喚起を呼びかける看板があるので注意しよう。

階段状の道に入るとトタン小屋の脇を通り、簡易舗装された道に入る。茶畑が広がっている。その先にイノシシ被害対策のためのゲートがある。ここを通過するのだが、ゲートは必ず閉めること。忘れると大切な農作物が被害を受けることになる。

ゲートを抜けたら道なりに下る。民家が点在するエリアで、ひと安心できる。そのまま進めば本村バス停だ。ここから箱根登山バスを関本まで利用するのだが、バスの本数は少ないの

⑩展望もいいが、空の広がりもいい矢倉岳山頂。青空の下で昼寝を楽しんだり、料理を作るグループも多い。また、犬連れで訪れる人もいるが、他の登山者に迷惑をかけないように注意しよう。
⑪山伏平。ここから矢倉岳に登る。⑫民家の間にある本村バス停

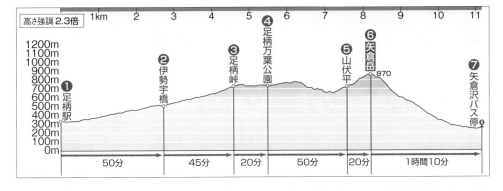

で必ず事前に調べておくこと。また、本村バス停のひとつ先、徒歩5分ほどの所に**矢倉沢バス停❼**があり、ここから乗車する人も多い。というのも、矢倉沢関所跡や元旅籠通りなど、バスを待っている時間に訪れたい名跡があるからだ。ただし、バスを1本見送ると、相当な時間のロスとなり、せっかくの山歩きの楽しさがつまらない記憶になってしまいがち。名跡見学の前に、バスの時刻を確認しておくのを忘れないように。

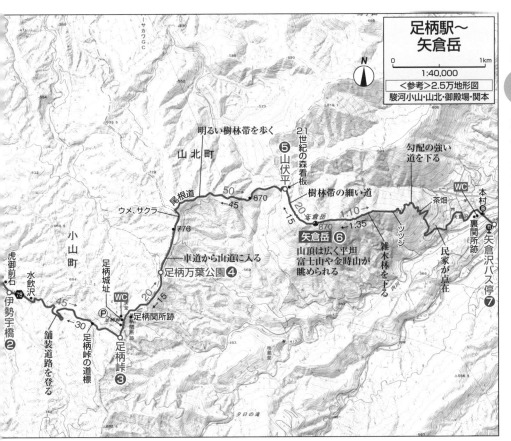

25 箱根湯本駅から塔ノ峰、明星ヶ岳を縦走する

初級

標高	924m(明星ヶ岳)
歩行時間	4時間25分
最大標高差	720m
体力度	★★☆
技術度	★☆☆

とうのみね〜みょうじょうがたけ

塔ノ峰〜明星ヶ岳

1/2.5万地形図 **関本、箱根**

登山適期とコースの魅力

	1月	2月	3月	4月	5月	6月	7月	8月	9月	10月	11月	12月
	積雪			アセビ			アジサイ				紅葉	
					スミレ・ボケ				シシウド			ススキ
						シャガ						

展望 箱根の大文字焼が開催される地点から眺める中央火口丘の山々が美しい。
花 往路に通る阿弥陀寺ではアジサイが観られる。登山道では小さな花々が出迎えてくれる。
紅葉 11月上旬くらいから紅葉が観られるようになる。広葉樹の紅葉が美しい。

春 芽吹きの季節になると登山道や斜面では多くの植物が芽吹き、至るところが緑に染まる。
夏 箱根といえども山中は木々が多く、この季節はあまり登山に向いていない。
秋 紅葉見物は10月下旬〜11月中旬くらい。
冬 積雪がなければ大丈夫。要事前確認。

ハコネアザミやエイザンスミレが有名

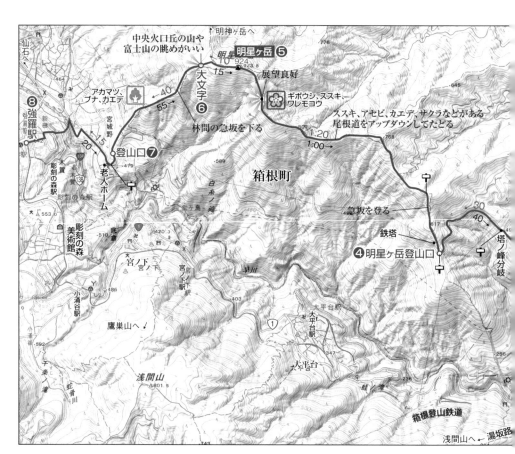

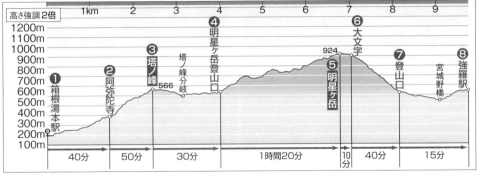

箱根湯本駅からスタートする設定だが 箱根湯本駅のひとつ先の塔ノ沢駅から歩き始めてもいい。ただし最初の登り（男坂）が少しきつく感じるかもしれない。新宿駅からロマンスカーを利用するなら、平日の始発は7時37分で箱根湯本駅には9時22分着。土・休日は新宿発7時が始発で箱根湯本駅着は8時26分。

マイカー 不向き。

コースガイド 箱根湯本のにぎわいを後に 登山道を塔ノ峰へ

　観光客でにぎわう**箱根湯本駅❶**から出発する。改札を出たらそのままエスカレーターで1階に下りる。右手に見える箱根登山鉄道の線路をくぐり、舗装された道を歩く。すぐに登り勾配の道になる。北原ミュージアムを過ぎるころには、さらに勾配がきつくなる。振り返ると箱根湯本の町並みが眼下に広がる。野外施設のフォレスト・アドベンチャーを過ぎると、塔ノ沢駅方面と阿弥陀寺、塔ノ峰方面との分岐に着く。

　ここまででかなり体力を消耗させられた印象があるだろう。

明星ヶ岳と塔ノ峰

①阿弥陀寺から本格的な登山道になる。②阿弥陀寺からは寺の脇の柵沿いを登る。③明星ヶ岳の下山口（強羅寄り）。④明星ヶ岳登山口

⑤樹木や様々な植物に囲まれた尾根道。⑥明星ヶ岳登山口から入ると、ここで直角に曲がり少しずつ高度を稼ぐことになる。⑦明星ヶ岳手前の道。⑧明星ヶ岳山頂の鳥居。⑨明星ヶ岳山頂。⑩明星ヶ岳からの下山道には笹藪もある。⑪阿弥陀寺へ向かう道

分岐でしばらく休憩した後、阿弥陀寺に向けて右へ歩く。道は広く完全舗装されているが、登り勾配がきつい。

勾配がきつくなると何回か大きくジグザグに登るようになる。道端に地蔵が現れると**阿弥陀寺②**が見えてくる。ほんのひと息で本堂前に出る。この寺は弾誓上人が開いた箱根の古刹。上人が修行したといわれる岩屋が寺の裏にあり、その由緒を物語る。登山の無事を祈願し、本堂の右手に回る。塔ノ峰の道標に従って登山道に入ろう。

登り始めは岩がゴロゴロ転がる竹林。状況によっては、倒れた竹と岩が絡んでいることもあるので、注意しよう。岩は苔むしたものが多い。ここをほぼ直登していく。5分ほどで抜けると、石の階段登りになる。勾配がきついので気をつけよう。

登山道が土に変わるとヒノキ林を登るようになる。若干勾配が落ち着くと、塔ノ峰まで

15分の道標が現れる。直線的な登山道を詰めれば**塔ノ峰③**の山頂に着く。

箱根外輪山の稜線をたどって進む

山頂は小広いが、直射日光も展望も期待できない。北東に向かう登山道はすぐに荒れてしまう。ここは左に下る登山道を進み、明星ヶ岳へ向かう。

明るい斜面に造られた階段状の道を10分ほどで林道に下り立つ。そこを左に進み、明星ヶ岳登山口へ行く。舗装された林道は歩きやすく快適だ。ただし、この区間は頻繁に車が通るので、くれぐれも注意しながら歩くようにしよう。途中で、左下に湯本付近の町並みが見える。塔ノ峰分岐から20分ほどで**明星ヶ岳登山口④**に着く。

階段を登って山道に入る。最初は直線的に登る。基本的には防火帯のような広い登山道だが、下刈りされず背丈まで伸びた草木の中を進むこともある。下刈り時期は例年7〜8月ころらしいが、登山口から山頂まですべて刈られないこともある。草木さえなければ二子山や神山方面を見通すこともできるのにと少しばかり恨めしくも思う。

40分ほど登ると勾配はゆるみ、歩きやす

 水場　山中のコース上に水場はない。そのため事前に用意する必要がある。

トイレ　箱根湯本駅、阿弥陀寺、強羅駅にあるが、コース上にはない。

●問合せ先
箱根町総合観光案内所　☎0460-85-5700
箱根登山鉄道　☎0465-32-6823

明星ヶ岳から明神ヶ岳に向かう地点から眺める強羅方面。神奈川と静岡の県境の山が見えている

くなる。天気がよければ富士山も見られるようになる。大きな岩を越えると後方に相模湾が広がり、**明星ヶ岳❺**に到着する。

　明星ヶ岳は尾根上にある。小さな祠と山頂標識がなければ、通り過ぎてしまいそうな所だ。道が広いので、適当な場所でランチタイムとしよう。

　明星ヶ岳から目の前の尾根道を進むとすぐに稜線分岐点に出る。強羅駅はここを左に下ることになる。右は明神ヶ岳へと通じる道だ（詳しくはP108の22明星ヶ岳〜明神ヶ岳〜金時山を参照）。

　最初は比較的平坦で広い道だが、すぐに細い登山道を下るようになる。わずかな時間で右斜面が開けた所に着く。ここで毎年**大文字焼❻**が行なわれる。展望がいいのでしばし休憩したい。

　ここから樹林帯を下るのだが、滑る箇所も多いので注意しながら歩こう。30分余りで**明神ヶ岳登山口❼**に下り着く。ここから舗装

路を大きく下る。正面には二子山が見えるので、立ち休みをしながら展望を楽しむ。民家が現れると勾配がゆるみ、老人ホームの前に出る。ここを右折した後、直進して宮城野橋を目指す。橋を渡ってすぐに右の小道に入る。続いて左に少し長い階段が現れる。これを登りきれば**強羅駅❽**は近い。箱根湯本駅までスイッチバックや出山の鉄橋など、わが国屈指の山電車の風情を存分に楽しもう。

塔ノ峰

西インドの阿育（アショーカ）王が仏舎利塔（釈迦の遺骨）を宝塔に安置。そのひとつが、この山の中腹にある阿弥陀寺の岩屋で見つかった。そのことから、ここを塔ノ峰と呼ぶようになったといわれている。また、塔ノ峰山頂には小田原北条氏の出城跡が残っている。

樹木に囲まれ展望には恵まれない塔ノ峰山頂

123

26 小涌谷駅から浅間山、鷹巣山を縦走して畑宿へ

初級

せんげんやま〜たかのすやま

浅間山〜鷹巣山

標高	834m（鷹巣山）
歩行時間	2時間45分
最大標高差	434m
体力度	★☆☆
技術度	★☆☆

1/2.5万地形図　箱根

登山適期とコースの魅力

1月	2月	3月	4月	5月	6月	7月	8月	9月	10月	11月	12月

アブラチャン
桜
アジサイ
コアジサイ
ヤマボウシ
マユミの実
紅葉

展望　広く開放感に満ちた浅間山だが、現在入山禁止の駒ヶ岳方面の展望が広がるだけ。
滝　コース上に千条の滝と飛竜の滝のふたつがあり、観光スポットにもなっている。
紅葉　イロハカエデなどの紅葉が美しい。年によって見頃は若干変動。10月中旬以降がベスト。

春　3月中旬過ぎくらいからが春本番。
夏　涼を求めて千条の滝と飛竜の滝を訪れる人が増える。樹林帯は暑いので水は多めに持っていくこと。
秋　10月中旬過ぎ〜11月中旬が紅葉の見頃。
冬　雪がなければ登れるが、道がぬかることも。

小涌谷駅から5分の所に立つ道標

アクセス

新宿駅		小涌谷駅		畑宿バス停		箱根湯本駅		新宿駅
小田急小田原線快速急行/箱根登山鉄道（小田原乗換）2時間30分 1620円		2時間45分		箱根登山バス 20分 410円		箱根登山鉄道/小田急小田原線快速急行（小田原乗換）2時間 1270円		

往路、復路で小田急線の特急ロマンスカー（全席指定）を利用すると、新宿駅〜箱根湯本駅の乗車時間は1時間30分に短縮される。上記区間の乗車券と特急券の合計金額は2280円。箱根登山鉄道は勾配の強い箇所を上り下りするため、スイッチバックしながら進むことで知られている。スイッチバックは3回。初めて見る人は面白いはず。

コースガイド

千条の滝を見物してから登山道に入り浅間山へ

　箱根登山鉄道の**小涌谷駅❶**から、住宅街を抜けて砂利道に入るとすぐに**千条の滝❷**に着く。大きな岩に幾筋もの水が落ちるきれいな滝だ。滝の前に鑑賞用のベンチがあるので、しばらく休憩。ここまでは観光客も多い。

　ひと息入れたら浅間山の道標に従って山道に入る。すぐに鷹巣山への分岐があるので、ここを右へ。ほとんどの登山者は分岐を直進して浅間山を目指している。

　鷹巣山へは樹林帯の斜面に延びる道を登るようになる。大きく斜面を直登したり、ジグザグを切りながら登る。樹林帯はよく手入れされていて、日光を遮るほどではない。登山

千条の滝から浅間山方面への登山口。木橋を渡る手前で振り返って優美な姿を今一度脳裏に刻んでおこう。

浅間山の山頂。多くの登山者が訪れている。歩きやすいという証だ

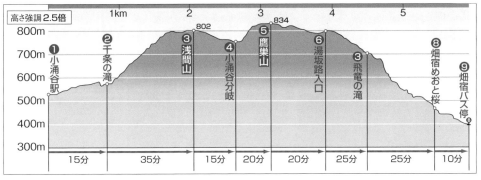

①観光客や登山客など、訪れるすべての人に感動を与える千条の滝。②鷹巣山山頂。北側の展望が開けている。このベンチが特等席になる。③多少荒れた箇所もあるが、基本的に問題はないはず。初心者でも大丈夫だ。④鷹巣山に向かう階段状の道。滑りやすいので若干注意が必要

道も雨天直後でなければ登山道も乾いている。千条の滝から**浅間山❸**を経て**小涌谷分岐❹**に着く。

ここで進路を右にとり、登り勾配のきつい道を登る。ただし、岩場など危険な箇所はない。靴底には温かくやわらかな土の感触が伝わってくる。小涌谷分岐から20分ほどで**鷹巣山❺**の山頂に到着する。

山頂は日当たりがよく、ベンチとテーブル

💧 **水場** コース上に滝が2本あるが水場はない。出発前や乗換え駅で用意しよう。小涌谷駅前に自販機がある。

🚻 **トイレ** 小涌谷駅と畑宿にある。

●問合せ先
箱根町総合観光案内所 ☎0460-85-5700
箱根登山鉄道 ☎0465-32-6823

が設置されている。二子山や神山、金時山が見えている。展望を楽しみながら少し休憩していこう。

飛竜の滝から畑宿に下山して
バスで箱根湯本駅に戻る

鷹巣山から湯坂路と命名された登山道を下る。右手には駒ヶ岳や神山が見えている。10分ほどで左に道が分岐する地点に着く。傍らには**湯坂路入口❻**の道標がある。ここで左へ。意外に深い樹林帯を下る。足元はきれいに手入れされた木の階段だ。ここを20分ほど歩くと飛竜の滝分岐に到着。この分岐から5分ほどで上段15m、下段25mと二段に分かれた**飛竜の滝❼**に着く。この滝は鎌倉時代、修験者たちの修行の場だった所。今なお厳かな雰囲気に支配されている。神奈川県下では最

⑤本コースの目玉になる飛竜の滝。迫力のある流れにファンが多い。時間をかけてゆっくり観賞してみよう。⑥飛竜の滝の説明看板。⑦畑宿にある観光客用のトイレ。いつも清掃されている。ありがたく使わせて頂こう。⑧畑宿のメインストリート。箱根の寄木細工を製作販売する店が並ぶ。また畑宿には本陣跡が残っている。⑨畑宿寄木会館。寄木細工の歴史のほか、寄木のコースター作りなどが体験できる

大規模の滝だ。後続の見物客が現れるまで展望テラスでゆっくり見学しよう。

　飛竜の滝分岐まで戻ったら右へ。登山道を畑宿方面へ下る。足元には大小の岩が転がっている。転落防止用のロープが張られた道に入る。道幅が狭いのでゆっくり歩くこと。ここを抜けた所に畑宿の道標がある。小さな岩に注意しながらさらに下る。緑が濃く感じられる場所だ。

　沢に沿って歩くようになると小さな木の橋を渡る。すぐに細い電柱の立つ所に出る。その電線に沿うようにして下る。しばらく行くと勾配が穏やかになり道幅が広がる。山仕事をする人たちの自動車が通るようだ。すぐの道端に畑宿への道標が立っている。小さなベンチが見えてくる。そこにあるのが高さ20m、周囲4.2mの**畑宿めおと桜⑧**。樹齢100〜150mといわれる大木だ。春には花見客で混雑する場所で、ベンチが置かれている。畑宿めお

と桜から簡易舗装された道になる。少しずつ高度を下げて行くと、ほどなく車道に出る。そのまま進むと畑宿の中心施設のひとつ、畑宿寄木会館がある。畑宿は色や木目の違うさまざまな木を寄せあわせて作る寄木細工で知られる町で、いくつもの工房がある。通りに沿って並ぶ店を見学したら、**畑宿バス停⑨**から箱根湯本駅に向かう。

玉簾の滝（たまだれのたき）

千条の滝、飛竜の滝と並ぶ人気なのが箱根湯本温泉天成園内にある玉簾の滝。パワースポットとしても知られ、多くの観光客が訪れている。高さ8m、幅11mの美しい滝だ。園内には玉簾神社がある。

毎月1日には箱根神社神官により「名水祭」が行われる

27 | 芦ノ湖湖畔に造られた遊歩道を歩く

初 級

標高	724m
歩行時間	3時間25分
最大標高差	20m
体力度	★☆☆
技術度	★☆☆

あしのこせいがんほどう
芦ノ湖西岸歩道

1/2.5万 地形図	裾野、箱根

登山適期とコースの魅力

	1月	2月	3月	4月	5月	6月	7月	8月	9月	10月	11月	12月
					シコクスミレ				ツリガネニンジン		紅葉	
							コオニユリ				ススキ	
											紅葉	

展望　芦ノ湖西岸を歩くため、展望が広がるのは東側になる。現在、入山禁止になっている駒ヶ岳の展望がいい。

花　芦ノ湖西岸歩道で頻繁に確認できるのは春のスミレ。とくにシコクスミレ、オトメスミレ、エイザンスミレなどは数が多いように思う。

春　新緑と同時に足元を小さなスミレの花たちが染めてくれる。一度は歩いてみたいコースだ。

夏　盛夏は蒸し暑くあまりおすすめできない。

秋　10月中旬を過ぎると西岸歩道から見える駒ヶ岳エリアの斜面が紅葉する。

冬　雪がなければ歩けるが、凍結に注意しよう。

亀ヶ崎に立つ道標。この先が深良水門

アクセス

新宿駅 — 小田急小田原線 快速急行 1時間30分 910円 — 小田原駅 — 箱根登山バス・伊豆箱根バス 1時間30分 1540円 — 芦川入口バス停 ‥‥ 3時間25分 ‥‥ 桃源台バス停 — 小田急ハイウエイバス 2時間45分 2240円 — 新宿駅南口

箱根関所跡までのバスは小田原駅発着のものと、箱根湯本駅からがある。新宿駅から小田急線、箱根登山鉄道を経由して箱根湯本駅に行く場合、特急のロマンスカーを利用するのもいい。

マイカー　関所跡近辺に駐車場がある。箱根関所跡と深良水門をピストンするといい。往復で5時間50分ほど。三国山を越える方法もある。

コースガイド 起伏の少ない湖畔の遊歩道をのんびり歩く

スタート地点は**芦川入口バス停❶**になる。ひとつ手前の箱根町バス停で降りて箱根関所跡を見学してからスタートするのもいい。詳しくは「28 三国山」を参照。

芦川入口バス停前で右に入り、さらに二俣を右へ進みやすらぎの森に入る。緑に囲まれ富士山や芦ノ湖が眺められる自然豊かな公園だ。正面に駒ヶ岳が見える展望地を経て白浜へ向かう。

車止めのゲートを越えて遊歩道に入るとすぐに**白浜❷**で、ここがこのコースのスタート地点になる。また、この西岸歩道は芦ノ湖沿いを歩くためほとんど高低差がなく、誰でも

西岸歩道の樹林帯から眺める芦ノ湖。遊覧船が見えている

安心して歩くことができる。さらに道標もしっかりしていて、次のポイントまでの歩行距離が書かれている。ただし、エスケープルートはないので注意したい。

白浜にはコースで最も大きな砂浜がある。

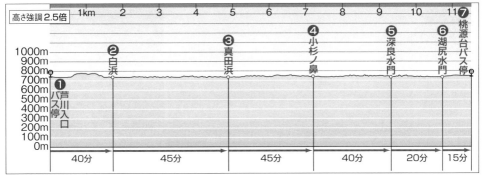

①百貫ノ鼻。広い砂浜で気持ちがいい。流木に座って休憩するのがここの流儀。②樹林帯の木々の間からは芦ノ湖の水面が見える。③白浜。ルート上で最初に歩く砂浜。④小杉ノ鼻の道標。深良水門まで2.1kmとある。40分ほどだ

ここで対岸の駒ヶ岳や湖面を優雅に走る観光船などを眺めながら、のんびりしたい。歩き始めてすぐだが、この後も苦労する箇所はないので、裸足になって砂を踏みしめてみよう。観光客の姿をたくさん見かける場所でもある。

　遊歩道に戻ったら右手に芦ノ湖を眺めながら先に進む。箒ヶ鼻は芦ノ湖に突き出た部分。より芦ノ湖の展望が開ける箇所だ。立ち休み

> 💧 **水場**　コース上に水場はないので、事前に用意する必要がある。スタート地点の箱根関所近辺に清涼飲料水の自販機がある。
>
> 🚻 **トイレ**　登山口の箱根関所跡と桃源台にあるが、コース上にはない。
>
> ●**問合せ先**
> 箱根町総合観光案内所　☎0460-85-5700
> 箱根関所資料館　☎0460-83-6635
> 小田急箱根高速バス　☎03-5438-8511

しながら遮るもののない芦ノ湖から駒ヶ岳の眺めを楽しみたい。

　この先に1930年（昭和5年）に起きた豆相大震災の供養塔がある。この地震は伊豆半島と箱根を中心にして起きた地震で、震源地に近い三島測候所では地震計で測定できないほどの揺れだったらしい。そして40人以上の命が奪われた。通り過ぎる前に手を合わせていこう。

　箒ヶ鼻同様、突き出た半島の東端、百貫ノ鼻からも芦ノ湖の広がりと駒ヶ岳の展望が楽しめる。

　さらに進むと**真田浜❸**に到着。ここも砂浜に降りることができるので少し長めの休憩をするといい。ちょっと早いがランチを広げるには格好な場所。全体の歩行時間は短いので、心ゆくまで湖畔の砂地を楽しもう。

⑤亀ヶ崎手前の砂浜。小さな砂浜だ。⑥芦ノ湖から少し離れると静寂に支配された遊歩道になる。⑦遊歩道は樹林帯を出たり入ったりする。⑧真田浜の道標。⑨湖尻水門手前の遊歩道

桃源台から出航する遊覧船が間近に見えている

　真田浜からさらに遊歩道を北上する。立岩では運がよければ、桃源台を出航した遊覧船が眼の前を通過する瞬間に出合えるが、ここから**小杉ノ鼻❹**にかけては天然林と植林のスギが混在し世代交代が進んでいるようで、木々の隙間からしか見えない場所もある。

　コースが大きく左に曲がった辺りからは桃源台がはっきり確認できる。しばらく歩けば**深良水門❺**だ。

　深良水門は静岡県深良村（現裾野市）の名主大庭源之丞と江戸の町人友野与右衛門が中心となり、1666年（寛文6年）から4年ほどの歳月をかけて掘削したしたもの。現在でも芦ノ湖の水は静岡県側の灌漑用水に利用されているとか。水門の脇には小さな公園がある。

　深良水門から湖畔の道を北上して**湖尻水門❻**へ。ここで右の舗装道路に入って15分ほど歩けば**桃源台❼**終点だ。ゆっくり休憩してからハイウエイバスに乗ろう。

　西岸歩道の歩行時間はゆっくり歩いても3時間25分。足の速い人なら2時間ほどで歩くことができる。そのため、このコースをピストンする人を見かけるようになった。こういう人たちはほとんどマイカーで来ているのだが、そのための準備は怠っていない。水は縦走の2倍、食料も余分に持ち人に迷惑をかけないようにしている。実際に縦走してみて、思いつきでピストンを決行することだけは慎むこと。

深良水門（ふからすいもん）

芦ノ湖の北に湖尻水門、西岸歩道に深良水門と芦ノ湖にはふたつの水門がある。湖尻水門は芦ノ湖の水位調節のためのものなので、通常は開いていない。しかし、深良水門は芦ノ湖からの取水を目的にしていて、裾野市に水を送るため常時開いている。麓の人たちの大切な水。芦ノ湖にゴミなど捨てないように注意しよう。

深良水門。改修記念碑が建てられている

131

28 | 富士山と芦ノ湖を展望する稜線を歩く

初級

標高	1102m
歩行時間	4時間40分
最大標高差	371m
体力度	★☆☆
技術度	★☆☆

みくにやま
三国山

1/2.5万地形図	裾野、箱根

登山適期とコースの魅力

	1月	2月	3月	4月	5月	6月	7月	8月	9月	10月	11月	12月
				サクラ					ヤマユリ		紅葉	
				つつじ		あじさい				ススキ	紅葉	

展望 海ノ平から富士山が展望できる。さらに芦ノ湖や現在入山禁止の駒ヶ岳のほか、上二子山、下二子山などが展望できる。さらに眼下には芦ノ湖が見えている。
登山道 クマザサやアセビが茂り、ハコネダケも多く展望が遮られることもある。

🌱 新緑は4月中旬頃から。この頃の最高平均気温は16℃。最低平均気温は5.4℃。
☀ 樹木が伸び登山道は蒸し暑い。そのため6月～8月は暑さ対策を完璧にしたい。
🍂 山が色づく頃がおすすめ。
❄ 雪がなければ登れるが寒さ対策は必要。

ヤマユリ。開花時期7月中旬～8月中旬

アクセス

新宿駅 → **小田急小田原線 快速急行 1時間30分 910円** → 小田原駅 → **箱根登山バス 1時間 1340円** → 箱根関所跡バス停 ⋯⋯ **4時間40分** → 桃源台バス停 → **小田急ハイウエイバス 2時間45分 2240円** → 新宿駅南口

箱根関所跡バス停までは小田原駅発着のものと、箱根湯本駅からがある。新宿駅から小田急線、箱根登山鉄道を経由

して箱根湯本駅に行く場合、特急のロマンスカーを利用するのもいい。
マイカー 関所跡近辺に駐車場

があるので、マイカーで行くこともできる。その場合は、桃源台から駐車場までコース27を逆に歩く。

コースガイド

関所跡の見学をしたらスタートしよう

江戸時代、交通の要所となった箱根。当時そこに造られた箱根関所を完全復元した歴史資料館。当時の匠の技や道具を使って造られた。威風堂々とした佇まいに感動する。ぜひ、三国山に向かう前に立ち寄ってみたい。

箱根関所跡バス停❶から車道を進む。右手に芦ノ湖が見えている。駅伝ミュージアムの先、芦川入口バス停で右へ。その後は山伏峠の道標に従う。石畳に入り、短いながら向坂、赤石坂、釜石坂、風越坂、挟石坂と歩く。当然、石畳中心の登りなので、濡れている時には要注意。また、雨天でなくても多くの人に踏まれた石は滑るので慎重に。

10分ほど石畳の道を登ると**国道1号❷**に出る。ここで右へ。道の駅箱根峠の前で横断歩道を渡り樹林帯に入る。クマザサとアセビの多い道だ。少し蒸し暑く感じるがすぐにそこを抜けてハコネダケの茂る道に入る。そこもわずかな時間で抜け、前方が開けて外輪山の尾根に乗る。

尾根道は展望と日当たりに恵まれ気持ちがいい。道幅も広く、気持ちのいい歩きが楽しめるはずだ。ひと登りすると**海ノ平❸**といわれる草原に出る。遮るものがないため、好天なら富士山が展望できる。少し休みながらその美しさを心に焼きつけよう。

海ノ平からは左に芦ノ湖スカイラインを眺めながら歩くことになる。開放的な道で芦ノ湖や駒ヶ岳の様相が刻々と変化してくるのが

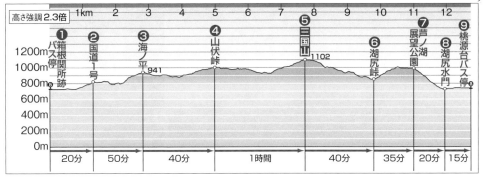

高さ強調2.3倍

1km 2 3 4 5 6 7 8 9 10 11 12

❶箱根関所跡バス停
❷国道1号
❸海ノ平 941
❹山伏峠
❺三国山 1102
❻湖尻峠
❼芦ノ湖展望公園
❽湖尻水門
❾桃源台バス停

1200m 1000m 800m 600m 400m 200m 0m

20分 50分 40分 1時間 40分 35分 20分 15分

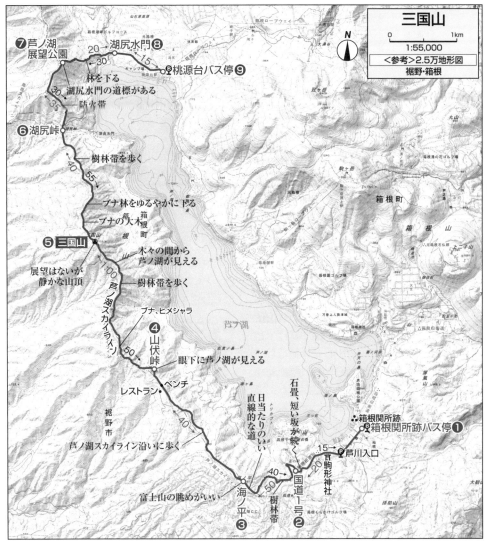

三国山

0 1km
1:55,000
<参考>2.5万地形図
裾野・箱根

N

❼芦ノ湖展望公園
20 → 湖尻水門❽
30 15
❾桃源台バス停❾
林を下る
湖尻水門の道標がある
30 防火帯
35
❻湖尻峠
40 樹林帯を歩く
55
ブナ林をゆるやかに下る
ブナの大木
❺三国山
木々の間から芦ノ湖が見える
展望はないが静かな山頂
樹林帯を歩く
1'00 ブナ、ヒメシャラ
❹山伏峠
50 眼下に芦ノ湖が見える
レストラン ベンチ
日当たりのいい直線的な道
芦ノ湖スカイライン沿いに歩く
40 石畳、短い坂が続く
箱根関所跡
箱根関所跡バス停❶
15 芦川入口
甘駒形神社
富士山の眺めがいい
❸海ノ平
40 国道1号❷
50 20
樹林帯

箱根

三国山

133

①ルート上から眺める芦ノ湖と駒ヶ岳。芦ノ湖の湖面が青く輝き眩しい時もある。②箱根関所跡の全景。当時の姿を復元した貴重な資料館でもある。歴史ファンならずとも一度訪れてみるといい。③三国山に登る途中には樹林に覆われた箇所も多い。④海ノ平から眺める富士山。富士山が近くに感じるはず。⑤開放的で日当たりはいいが、左右に展望が得られない箇所もある

わかる。

　海ノ平から40分ほどで、芦ノ湖に向かって座れるベンチが置かれた場所に着く。傍らに建つのがレストハウスフジビュー。展望を楽しみながらのんびりできるカフェレストランだ。風の強い日などは店内で休憩するといい。

　ここから先は少しずつ登り勾配がつき**山伏峠❹**に着く。看板がその場所を示すだけでとくに特徴はない。この先で少しだけ並行していた芦ノ湖スカイラインと分かれ、尾根筋から外れる。ブナやヒメシャラなどが茂る樹林帯に入ると左下から車のエンジン音が響いてくる。再び芦ノ湖スカイラインと並行するようにしてゆるやかな道を登る。

　この辺りから三国山までは少し深い樹林帯を歩くようになる。時折、木々の隙間から芦ノ湖が見える程度だが、逆に風が強い日には快適に歩けそうだ。また、歩く人の少ない山なので自分のペースで歩けるはず。過去に一度中学校の遠足の集団を追い越したことがある程度で、それ以外に登山者とすれ違ったり、追い越したりしたことはほぼない。自分のペースを守って歩くことができるのも魅力のひとつといえる。そうした意味では登山初心者にもおすすめのコースといって差し支えない。

静かな三国山山頂で
ゆっくり過ごす

　ゆるやかな登りを自分のペースで登っていくと**三国山❺**の山頂に到着する。残念ながら木々に囲まれ、展望はないが落ち着いて休憩できる。人の少ない山なので、コッフェルとバーナーを取り出して昼ご飯を作ったりすることも可能だ。ただし、ゴミはすべて持ち帰ることが条件だ。こうした大自然の中では、インスタントラーメンでもとてもおいしく感じることができるから不思議だ。だが、アルコールは控えよう。思わぬ事故を起こすこと

⑥山伏峠の手前から眺める芦ノ湖。湖を走る遊覧船や駒ヶ岳も見える。⑦登山道の木々の隙間から眺める芦ノ湖。芦ノ湖では遊覧船のほか、カヌーやカヤックなどの体験ができる。⑧木漏れ日が心地いい三国山山頂。残念ながら樹木に覆われている。⑨湖尻峠に下りる手前の道。下刈りがされているので安心だ。⑩湖尻峠。道路脇の草地でひと休みしたら、芦ノ湖展望公園へ向かってみよう

があるからだ。下山してからゆっくり山行をつまみにして祝杯をあげればいい。

　三国山からはほとんど下りになる。展望のいい草地に出ると左に富士山が展望でき、ひと休みしたくなる。時間の許す限り、富士山と対峙すればいい。この辺りから道幅が広がり、わずかな時間で**湖尻峠⑥**に到着する。ここから終点の桃源台まではルートが2本ある。芦ノ湖展望公園経由と深良水門経由だ。ここでは芦ノ湖展望公園を経由してみよう。

　湖尻峠からそのまま北上。防火帯のような比較的広い道を進む。芦ノ湖や時折、富士山が顔を出してくれる穏やかな道。35分ほどで**芦ノ湖展望公園⑦**だ。芦ノ湖が眼前に広がり、富士山の展望にも優れている。芦ノ湖スカイラインをドライブする人たちの休憩場所にもなっている。**湖尻水門⑧**を経て**桃源台バス停⑨**へ。

💧 **水場**　コース上に水場はないので、事前に用意する必要がある。スタート地点の箱根関所近辺に清涼飲料水の自販機がある。

🚻 **トイレ**　登山口の箱根関所跡と桃源台にあるが、コース上にはない。

●**問合せ先**
箱根町総合観光案内所 ☎0460-85-5700
箱根関所資料館 ☎0460-83-6635
小田急箱根高速バス ☎03-5438-8511

箱根関所

江戸時代交通の要所となった場所。そこが復元され当時の関所内の様子が精巧な人形を使ってわかりやすく展示されている。歩き始める前に見学していくのもいい。9時〜17時(12月〜2月は16時30分)、大人500円、小人250円。

まるで本物の武士としか
思えない人形が並ぶ

29 豊臣秀吉が北条攻めの折に築いたといわれる城跡を歩く

初 級

石垣山

いしがきやま

標高	262m
歩行時間	2時間25分
最大標高差	262m
体力度	★☆☆
技術度	★☆☆

1/2.5万 地形図 関本、小田原北部、箱根、小田原南部

登山適期とコースの魅力

1月	2月	3月	4月	5月	6月	7月	8月	9月	10月	11月	12月

シャガ
ハルサザンカ
枝垂れザクラ

展望 山頂の本丸跡からは小田原城、小田原市街、三浦半島、相模湾が一望できる。
歴史 1590年（天正18年）、豊臣秀吉が小田原の北条氏攻めの際、一夜にして築いた城（石垣山一夜城）跡だといわれている。
遺跡 石垣山手前に石丁場跡が残されている。

🌸 サクラの季節だと周辺を含めてピンク色に染まる。最もおすすめの季節。
🌞 相模湾から吹く海風が心地いいが、入生田駅からの道が蒸し暑く感じられる。
🍂 紅葉は11月中旬過ぎ〜12月上旬。
❄ 雪がなければ誰でも歩くことができる。

太閤秀吉にちなむ太閤橋

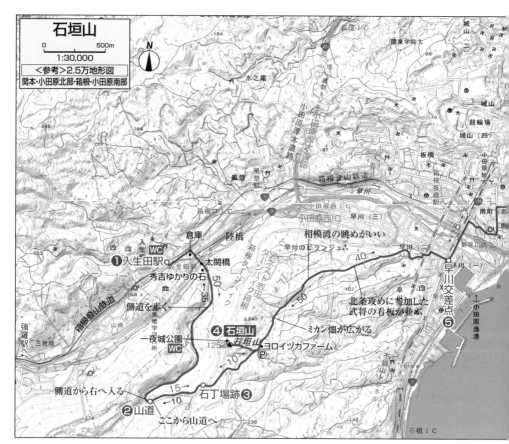

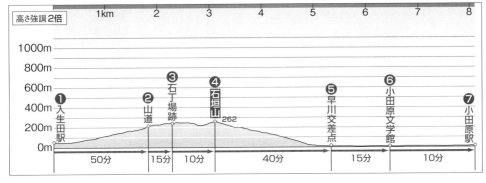

| 高さ強調2倍 | | 1km | 2 | 3 | 4 | 5 | 6 | 7 | 8 |

❶入生田駅 ❷山道 ❸石丁場跡 ❹石垣山 262 ❺早川交差点 ❻小田原文学館 ❼小田原駅

| 50分 | 15分 | 10分 | 40分 | 15分 | 10分 |

アクセス

新宿駅 — 小田急小田原線 快速急行 1時間30分 910円 — 小田原駅 — 箱根登山鉄道 10分 260円 — 入生田駅 ・・・ 2時間25分 — 小田原駅 — 小田急小田原線 快速急行 1時間30分 910円 — 新宿駅

新宿駅から小田急線ではなく湘南新宿ライン、JR東海道線を乗り継いで小田原駅まで行く方法や東京駅から東海道・山陽新幹線を利用して小田原まで行く方法もある。乗り継ぎがよければ小田急線を利用するよりも早く小田原駅に到着できることもある。スタート地点によって検討しよう。

マイカー 不向き。

 コースガイド

戦国ロマン溢れる城跡を
訪ねる魅力の歴史旅

　豊臣秀吉が小田原攻めの折りに一夜で築いたと伝わる城跡を訪ねる。現在、城跡は一夜城歴史公園として整備され、多くの歴史ファンが訪れている。

　スタート地点は箱根登山鉄道の**入生田駅❶**。箱根湯本駅のひとつ小田原寄りになる。駅前の国道1号に出たら左へ。休日には交通量が増えるので歩道を歩くこと。すぐに陸橋が見えてくる。ここを渡る。目の前に見える古い小さな橋が太閤橋。ここを渡って舗装道路を進む。時おり自動車も通るので道の左側を

国道を渡る陸橋から眺める生命の星・地球博物館

江戸城の石垣として加工された石材が道端に展示されている

137

①一夜城歴史公園から少し下った地点から眺める小田原市街。②太閣橋から石垣山に向かう道。③この辺りから少し登り山道に入る。④石の説明看板。⑤石丁場跡は見学必須だ

る。安山岩という火山岩で、こうした岩を切り出して加工し、石垣山一夜城の石垣が造られたと考えられている。

　歩いている側道が下り、そのまま進むと**山道②**に入る。山深さが感じられるエリアだ。ここを抜けてターンパイクを越えるのだが、その手前に**石丁場跡③**がある。17世紀初頭に江戸城の石垣用の石材を切り出して加工した場所だ。今にも石工が現れて作業を続けそうな雰囲気が漂っている。

石垣山山頂から秀吉が眺めた 小田原城を俯瞰する

　石垣山への登山道に戻る。いつしか農道のような道になり右側に相模湾が見えてくる。以前はコスモスが咲き乱れる広場だった場所にレストランが建てられている。その前が**石垣山④**だ。正式には一夜城歴史公園といい、一般に公開されている。公園内には二の丸跡や本丸跡などが残る。残念ながら建物の痕跡などは現存していないが、眼下に見える小田原城の景色は健在だ。その奥に相模湾の大海原が広がり印象的だ。石垣山一夜城は別名太

キープして進む。

　しばらく歩くと「運び出そうとした石垣用石材」と書かれた説明看板とともに、加工された跡のある大岩が置かれている。17世紀前半に早川石丁場群関白沢支群から江戸へ運び出そうとした石垣用の石材だったと考えられているようだ。「どうやって運び出そうとしたのだろう」などと考えながら進んで行くと、道路の崖面から大きな岩が飛び出してい

 水場　水場はない。箱根登山鉄道に乗る前に小田原駅で必要な物を購入しよう。

トイレ　入生田駅、一夜城歴史公園（石垣山）、小田原城園内にある。

●**問合せ先**
小田原市観光協会　☎0465-20-4192
ヨロイヅカファーム　☎0465-24-3150
小田原文学館　☎0465-22-9881

⑥一夜城歴史公園の芝生の広場。ここでお弁当を広げるといい。⑦一夜城歴史公園を出たところにあるヨロイヅカファミリーファーム。連日多くの人で混雑している。⑧小田原文学館。洋風の建物も人気のひとつ。⑨小田原城の堀。この前を歩いて小田原駅に向かう。

闇一夜城といわれているが、実際は一夜ではなく80日間が費やされたらしい。

　一夜城歴史公園から車道を小田原方面へ下る。沿道には小田原攻めに参加した武将たちの看板が設置されている。周囲にはミカン畑が広がり、前方には小田原市街や小田原城、相模湾が展望できる。

　高度が下がってくると東海道本線の早川駅に着く。ここから東海道線に乗って帰路につくのもいいが、時間があるなら小田原駅まで歩いてみよう。早川駅から早川橋を渡り、**早川交差点❺**を過ぎると、閑静な住宅街に建つ**小田原文学館❻**に着く。小田原にゆかりのある文豪たちの作品や資料などが展示されている。洒落た建物は明治維新の立役者のひとり、田中光顕の別邸だったもの。

　小田原文学館からから小田原城方面へ進む。

多くの観光客で混雑する場所。小田原城は北条氏の居城として知られ、堀端を歩くだけでも楽しい。土産物店や飲食店が並ぶエリアで賑やかだ。この通りを抜ければ**小田原駅❼**に到着する。

石丁場跡

17世紀初頭、江戸城の石垣用の石材を切り出して加工した場所。加工された石が風化せず、そのまま残されている。登山道から車道をくぐった場所にあり、今にも職人たちが現れて作業を開始するような錯覚さえしそうだ。発掘されたのは意外に最近のことらしい。

400年前に加工された石が転がる石丁場跡

主な駅ターミナルと登山口ガイド

登山口
西丹沢
ビジターセンター

加入道山・白石峠へ
犬越路・大室山へ
用木沢出合
林道
中川川
西丹沢ビジターセンター
つつじ新道入口
檜洞丸へ
畦ケ丸へ
西丹沢公園橋
バス乗り場
西丹沢ビジターセンターバス停
新松田駅・松田駅へ

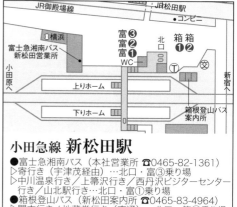

JR御殿場線
JR松田駅
コンビニ
横浜
富富富③②①
北口
箱箱①②
WC
新宿へ
小田原へ
上りホーム
下りホーム
箱根登山バス案内所

小田急線 新松田駅

- ●富士急湘南バス（本社営業所 ☎0465-82-1361）
- ▷寄行き（宇津茂経由）…北口・富③乗り場
- ▷中川温泉行き／上篝沢行き／西丹沢ビジターセンター行き／山北駅行き…北口・富①乗り場
- ●箱根登山バス（新松田案内所 ☎0465-83-4964）
- ▷関本行き／地蔵堂行き（直通）…北口・箱①乗り場

強羅へ
箱根登山鉄道ホーム
箱根登山鉄道ホーム
案内所
改札
小田急線ホーム
WC
売店
⑤
小田原へ
塔ノ沢へ
みやげ店街
国道1号
①②③④
箱根登山バス案内所

箱根登山鉄道 箱根湯本駅

- ●箱根登山バス（箱根湯本案内所 ☎0460-85-5583）
- ▷箱根町（国道経由）行き…②乗り場
- ▷桃源台（宮城野・仙石方面）行き…③乗り場
- ▷畑宿（須雲川経由）行き／元箱根港（旧街道経由）行き…④乗り場
- ●伊豆箱根バス
- ▷関所跡行き／湖尻行き／箱根園行き…①乗り場

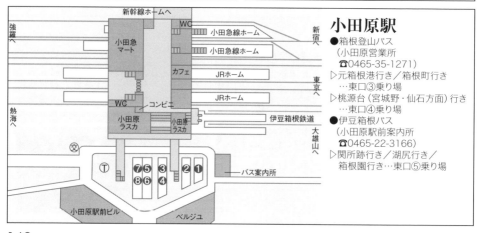

強羅へ
新幹線ホームへ
WC
小田急線ホーム
新宿へ
小田急マート
小田急線ホーム
カフェ
JRホーム
東京へ
WC
コンビニ
JRホーム
熱海へ
小田原ラスカ
小田原ラスカ
伊豆箱根鉄道
大雄山へ
⑦⑤③②①
⑧⑥④
バス案内所
小田原駅前ビル
ベルジュ

小田原駅

- ●箱根登山バス
  （小田原営業所
  ☎0465-35-1271）
- ▷元箱根港行き／箱根町行き
  …東口③乗り場
- ▷桃源台（宮城野・仙石方面）行き
  …東口④乗り場
- ●伊豆箱根バス
  （小田原駅前案内所
  ☎0465-22-3166）
- ▷関所跡行き／湖尻行き／
  箱根園行き…東口⑤乗り場

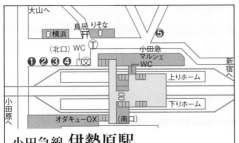

小田急線 伊勢原駅

●神奈川中央交通バス
（伊勢原営業所 ☎0463-95-2366）
▷大山ケーブル駅行き…北口④乗り場
▷日向薬師行き／七沢行き…北口③乗り場

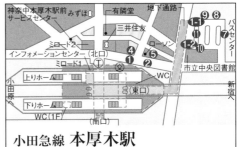

小田急線 本厚木駅

●神奈川中央交通バス厚木営業所 ☎046-241-2626
▷広沢寺温泉行き／七沢行き…バスセンター⑨乗り場
▷宮ヶ瀬行き／上煤ヶ谷行き…本厚木駅北口⑤乗り場
▷半原行き／野外センター前経由半原行き
　　…本厚木駅北口①乗り場

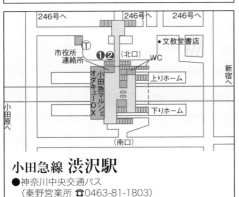

小田急線 渋沢駅

●神奈川中央交通バス
（秦野営業所 ☎0463-81-1803）
▷大倉行き…北口②乗り場

小田急線 秦野駅

●神奈川中央交通バス
（秦野営業所 ☎0463-81-1803）
▷ヤビツ峠行き／蓑毛行き／曽屋弘法行き
　　…北口④乗り場

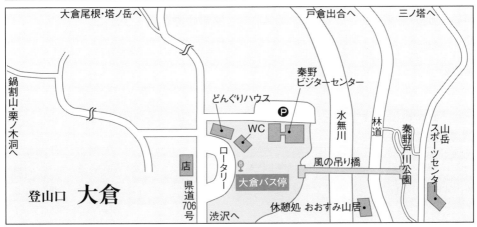

141

帰りに
ひと風呂

丹沢・箱根の
立ち寄り湯

※ここでは、本書の各コースガイドのコラムで紹介した
以外のおすすめ立ち寄り湯を取り上げました。

丹沢／中川温泉（地図p.10）

信玄館 しんげんかん

☎0465-78-3811
大浴場や貸し風呂の他、中川の清流に面した露天風呂もある。アルカリ性単純温泉。
●1200円（土休日など）／11:30〜17:00（平日は〜18:00／2時間以内）／不定休／♀中川温泉入口から🚶4分

丹沢／中川温泉（地図p.10）

ぶなの湯 ぶなのゆ

☎0465-78-3090
清流中川沿いにある日帰り入浴施設。浴場は明るく広いガラス張りで、開放感に満ちている。
●750円（2時間）／10:00〜18:00（3〜11月の休日などは〜19:00）／月曜（祝日の場合は翌日）休／♀中川温泉入口から🚶3分

箱根／箱根湯本（地図p.97）

かっぱ天国 かっぱてんごく

☎0460-85-6121
箱根湯本駅すぐ裏の高台にあり、足湯（200円）もある。ロマンスカーの時間待ちに便利なことこの上ない。
●900円／10:00〜20:00（土・日曜・祝日は〜21:00）／箱根湯本駅から🚶3分

箱根／箱根湯本（地図p.97）

早雲足洗の湯 和泉 そううんあしあらいのゆ いずみ

☎0460-85-5361
内湯の他、露天エリアには檜風呂、桶風呂、ジャグジーがある。アルカリ性単純温泉。
●1250円／11:00〜21:00（土・日曜・祝日は10:00〜）／火曜不定休／箱根湯本駅から🚶7分

箱根／箱根湯本（地図p.97）

湯の里おかだ ゆのさとおかだ

☎0460-85-3955
泡風呂、寝湯、ジェットバスなど多彩な風呂が楽しめる。料金割安の早朝営業もある。
●1450円／11:00〜23:00／無休／箱根湯本駅から送迎バス5分

箱根／箱根湯本（地図p.97）

箱根の湯 はこねのゆ

☎0460-85-8080
二つの源泉井戸から温泉を引いている。大浴場のほか、寝湯、バイブラ湯などがある。
●1100円／10:00〜22:00／年4回不定休／箱根湯本駅から送迎バス5分

箱根／箱根湯本（地図p.97）

天成園 てんせいえん

☎0460-83-8511
屋上天空大露天風呂が開放的で、23時間営業というのも特徴。アルカリ性単純温泉。
●2730円+税（別途入湯税50円）／10:00〜翌朝9:00（深夜0:00以降は追加料金あり）／無休／箱根湯本駅から🚶12分

箱根／奥湯本温泉（地図p.97）

天山湯治郷 てんざんとうじきょう

☎0460-86-4126
内湯一つと五つの野天湯がある。ナトリウム-塩化物泉とアルカリ性単純温泉。
●1300円／9:00〜23:00（22:00札止め）／無休／♀奥湯本入口から🚶3分

箱根／宮ノ下（地図p.97）

太閤湯 たいこうゆ

☎0460-82-4756
地元の人々が自ら運営する共同浴場。男女別に二つずつある浴槽に底倉温泉から引いた湯が溢れている。
●500円／13:00〜21:00（受付終了は20:30）／水曜、第2・4火曜（祝日は翌日）休／宮ノ下駅から🚶5分

箱根／強羅温泉（地図p.97）

薬師の湯吉浜 やくしのゆよしはま

☎0460-82-2258
強羅駅のすぐ裏にある旅館の内湯での日帰り利用。泉質はナトリウム-塩化物泉。
●850円／10:00〜19:00／月曜（祝日の場合は翌日）休／強羅駅から🚶1分

箱根／二の平温泉（地図p.97）

亀の湯 かめのゆ

☎0460-82-2344
こぢんまりとした内湯がある共同浴場。ナトリウム-塩化物泉・硫酸塩炭酸水素泉。
●550円／11:00〜21:00（土・日曜は9:00〜）／不定休／彫刻の森駅から🚶7分

さくいん

本文執筆・写真

中田 真二(なかた しんじ)
長野県松本市出身。山好きの父と叔父の影響で幼少期から山遊びに明け暮れる。高校・大学と山岳部で、山と部室の往復で過ごす。大学卒業後は出版社に編集者として勤務。在籍中に訪れたヨーロッパアルプスに魅せられ退職。数年の間ヨーロッパ、ニュージーランド、北アメリカの山を巡る。帰国後、登山ライターとして活動、現在に至る。登山初心者の相談にも応じている。
問い合わせはgoofy0121jp@w4.dion.ne.jpへ。

カバー写真／中田真二
カバー・表紙・総扉デザイン／松倉 浩
編集協力／エスティーエフ
地図制作／株式会社千秋社
DTP ／株式会社千秋社

■本書に掲載した地図は、DAN杉本氏制作のカシミール３Dで「スーパー地形セット」と国土地理院の「地理院地図」を使用して制作しています。https://www.kashmir3d.com/
■本書の内容は2023年4月制作時のものです。交通機関、店舗等の営業形態や対応が予告なく大きく変わる可能性があります。また火山活動や集中豪雨などの自然災害による現地状況の変化の可能性もあります。必ず事前に各種情報と現地の情報をご確認の上でお出かけください。

ブルーガイド 山旅ブックス

丹沢・箱根 日帰り山あるき 改訂版
(たんざわ・はこね・ひがえ・やま かいていばん)

2023年7月15日 初版第1刷発行

著 者 中田真二
発行者 岩野裕一
発行所 株式会社実業之日本社
    〒107-0062 東京都港区南青山6-6-22 emergence 2
    ☎(編集)03-6809-0473 (販売)03-6809-0495
    https://www.j-n.co.jp/

印刷・製本 大日本印刷株式会社